CONVIÉRTETE EN

ASESOR

Y MONETIZA TU POTENCIAL

Genera buenos ingresos creando un negocio
de servicios profesionales basado en tu
experiencia y que te permita realizar una
actividad que disfrutes

Marcel Verand

Conviértete en asesor y monetiza tu potencial
Primera edición, julio 2020

©Marcel Verand, 2020
https://marcelverand.com
info@marcelverand.com

LinkedIn: **https://www.linkedin.com/in/marcelverand**
YouTube: **https://www.youtube.com/c/MarcelVerand**
Facebook: **https://www.facebook.com/MarcelVerand**
Twitter: **http://www.Twitter.com/MarcelVerand**
Instagram: **https://www.instagram.com/marcelverand/**

Publicado por: Marcel Verand
Corrección de estilo: Rosany Briceño

Página de Autor de Amazon:
http://www.Amazon.com/author/marcelverand

Accede GRATIS a un video donde te enseño CÓMO CREAR UN ELEVATOR PITCH. Para hacerlo ingresa aquí: **https://lmelevatorpitch.gr8.com**

DEDICATORIA

Dedicado a todos mis clientes, gracias a ustedes mi vida se ha enriquecido, he podido conocer historias personales increíbles, experiencias únicas y una calidad humana de lo más alta. Gracias a ustedes puedo vivir de una actividad que me genera una gran satisfacción, oportunidad de contribuir positivamente con el mundo y de seguir mejorando como profesional y persona.

También quiero dedicar este libro a mis hijos Gabriel y Lara, el más grande regalo que la vida pudo darme, a mi esposa María, a mis padres Enrique y Magda, a mi hermana Natalia, y a toda mi familia.

Finalmente dedicarte este libro a ti, que ya cuentas con el espíritu emprendedor, que te lleva a reinventarte, a salir de tu zona de comodidad y a crear una oferta que de seguro aportará mucho valor al mundo.

PRÓLOGO

Conocí a Marcel en octubre del año pasado. En septiembre, yo comenzaba a escribir mi libro y quería obtener recomendaciones para el proceso, así que llamé a mi buena amiga Carolina Angarita quien había publicado ese año el Best Seller en Amazon titulado: "La magia sí existe", para solicitarle algunos consejos. El primero que me dio y de la manera más elocuente fue: "contacta a Marcel Verand. Es un asesor peruano experto en todo el proceso de publicación y te ayudará a que tu libro se convierta en un Best Seller también". Me dio su contacto e inmediatamente le escribí. Tuve la buena fortuna de que viajaba a Colombia en octubre y concertamos desde ese momento una cita de trabajo.

Mi primera reunión de trabajo con Marcel fue muy productiva. Me explicó claramente cómo podía asesorarme para convertir mi idea de libro en una realidad y en un Best Seller. Me gustó tanto su franqueza, experiencia y calidez que decidí contratarlo de inmediato. Desde ese día Marcel se ha convertido en mi asesor, al cual valoro inmensamente. Siempre está disponible y me ayuda con todas mis dudas. A través de todo este proceso, he podido vivir de primera mano cómo todo lo que hace, lo hace con pasión y está alineado con su propósito de vida, el cual consiste en: "ayudar a las personas a reconocer su valor, a darlo a conocer y a conectarse con una genuina realización personal", así como él mismo lo explica.

Hace poco me solicitó escribir el prólogo de su libro. Para mí es todo un honor hacerlo, ya que al contratar su asesoría ha sido tan profesional y me ha brindado un servicio tan completo que he llegado a admirarlo mucho. Hoy en día puedo considerarlo un buen amigo.

Considero que el tema del libro es muy relevante para el momento histórico que estamos viviendo a causa del Covid-19. A inicios del 2020, muy pocas personas pueden decir que anticiparon lo que íbamos a vivir con esta pandemia. Ha significado poner un alto en el camino del planeta entero. A medida que pasan los días y se alargan las cuarentenas en distintos países del mundo, más y más empresas de muchísimos sectores empiezan a quebrarse y a cerrar sus puertas. Muchas personas que antes tenían un empleo estable, de manera totalmente inesperada, están siendo despedidas y se ven obligadas a repensar qué hacer con sus vidas.

La invitación que les hace Marcel, y que yo también quiero hacerles, es que no se queden en quejas y justificaciones sobre lo injusto de la situación, y en lugar de ello, planeen activamente qué hacer de ahora en adelante. Es momento de mirar esto como una oportunidad para monetizar tus talentos y vivir de lo que te apasiona. Este libro te mostrará cómo crear un servicio que esté alineado con tu propósito y potencial y te enseñará cómo puedes vivir auto empleado con todos los retos que esto impone, pero también, con todos los beneficios y satisfacciones.

En este libro descubrirás desde cómo identificar un servicio para ofrecer que esté alineado con tu misión de vida hasta cómo monetizarlo y poder vivir de ello, tal cual lo hace Marcel. Se trata de un libro completamente didáctico en donde nuestro escritor ha compartido de manera honesta y transparente todo su conocimiento y todo el proceso que debes seguir para lograr una vida cómoda de independiente.

Recomiendo leerlo con un cuaderno o computador al lado para realizar cada uno de los ejercicios que sugiere Marcel. Estoy segura que, si sigues las recomendaciones una a una, vas a lograr determinar el servicio que quieres prestar y los pasos a seguir para promoverlo y digitalizarlo.

Un tema importante que aborda Marcel es sobre el autosabotaje. Este sistema de creencias nos impide tomar acción para avanzar en la vida, es por ello que conocer sobre este tema nos ayudará a descubrir estas creencias en nosotros mismos y a gestionarlas para no quedarnos en la parálisis.

Este libro te ayudará a clarificar bien el mercado potencial del servicio que elegiste, cuál es el problema que resuelve y cuál será el resultado ofrecido. Una vez que defines cuál servicio prestar, Marcel te explicará cómo convertirlo en una promesa de valor para atender los más grandes deseos de tu público objetivo.

El siguiente paso será promover tu servicio. Como dice Marcel: "Si el mundo no sabe que existes y tampoco sabe cuál es el valor que eres capaz de ofrecer, entonces pierden ambos, el mundo y tú". Aquí Marcel te enseñará a promover tu marca personal y ajustar la percepción del mercado para que vean en ti lo mejor que tienes para mostrar. Luego, te explicará cómo puedes usar distintos tipos de estrategias y cuáles son los objetivos y ventajas de cada una. Con Marcel entenderás el para qué y cómo sacar mayor provecho a:

- Desarrollar una marca personal
- Crear tu propia página web
- Empezar un Blog
- Usar un sistema de autoresponder
- Cómo maximizar el uso de las redes sociales
- La importancia de la creación de tu propio Canal YouTube
- La realización de Webinars
- Cómo autopublicar un libro
- Los elementos de comunicación para la venta
- Cómo crear tu tarjeta virtual
- La importancia del Networking
- y finalmente, las reuniones uno a uno.

Marcel también te enseñará cómo digitalizar tu servicio a través de una serie de recomendaciones sobre programas para la gestión de tu negocio. Encontrarás a detalle información acerca del diseño gráfico para tus sociales y marketing, la administración de tus redes sociales, cómo contar con un negocio digital, cómo coordinar tus citas gracias a un asistente virtual, cómo ofrecer videoconferencias, y por último pero no menos importante: cómo cobrar por tus servicios vía electrónico, a través de distintas plataformas.

Si nunca has sido asesor, te preguntarás cómo puedes brindar este servicio. Pensando en ello Marcel ha dedicado un capítulo completo sobre este tema que está repleto de consejos específicos para cada una de las etapas de la asesoría: la comunicación inicial con tu cliente, la preparación para la primera sesión, cómo prepararte para tu primera sesión de trabajo con tu cliente, cómo hacerle seguimiento a esa primera reunión de trabajo, cómo hacer un cierre al servicio, y, sobre todo, cómo solicitar testimonios a tus clientes que hayan quedado satisfechos y que te sirvan de referencia para obtener credibilidad. Como dice Marcel: "Somos quienes hacemos la diferencia al brindar un servicio, de modo que nadie podrá entregar el servicio como lo entregas tú."

Marcel aborda uno de los temas más necesarios al empezar a prestar un nuevo servicio: ¿cómo monetizarlo? Entre las ideas que presenta se encuentran la escritura y venta de libros, cursos digitales y entrenamientos virtuales, entrenamientos presenciales, certificaciones, franquicias, conferencias, grupo de mentes maestras y eventos.

Por tanto, si te has quedado desempleado en este momento y estás pensando en qué hacer a futuro, este libro te trae todos los pasos que deberás tener en cuenta para crear, empezar a ofrecer y monetizar estos servicios.

Tu futuro lo eriges tú acción por medio de la acción. Y la primera acción que puedes llevar a cabo para tomar tu futuro en tus manos y avanzar, es poner en practica todas las recomendaciones que Marcel nos ha dejado en este libro. Como decía Alan Kay: "La mejor forma de predecir tu futuro, es construirlo". ¡Adelante!

MARÍA JOSÉ RAMÍREZ BOTERO
Presidente en LarrainVial Colombia SCB
Autora | Conferencista

¿CUÁL ES EL "VERDADERO VALOR" DE ESTE LIBRO PARA TI?

Al momento que escribo este libro, el mundo se encuentra estremecido con el "efecto pandemia". La mayoría de los gobiernos han obligado a la cuarentena y al distanciamiento social. Debido a esto, **muchas personas han perdido su trabajo y se encuentran en la necesidad de encontrar nuevas formas de generar ingresos**. Creo que uno de los medios más sencillos y rápidos para lograrlo consiste en ofrecer un servicio profesional basado en la propia experiencia. Es algo a lo que me dedico hace ya más de 20 años y he acumulado una experiencia que le puede servir a muchas personas.

Mi mayor interés al escribir este libro es guiar y empoderar a las personas a que puedan monetizar su potencial, su experiencia, y con ello, puedan reinventarse y enfrentar con dignidad este nuevo contexto mundial. **Creo fírmemente que toda experiencia puede monetizarse y una de las mejores formas de conseguirlo es convirtiéndola en una oferta de servicio que agregue valor a un mercado y que además sea atractiva.**

He sido independiente la mayor parte de mi vida. He trabajado como coach, como facilitador, como catedrático, como consultor, como conferencista y como asesor. Si bien, ser independiente tiene grandes beneficios como la libertad para gestionar tu tiempo y ser tu propio jefe; también incluye grandes desafíos, entre ellos el más importante: tomar la acción necesaria que asegure la continua demanda de los servicios ofrecidos. De nada sirve si eres experto en tu actividad, pero nadie te conoce, o si tienes una oferta de servicio que no sea de interés en tu mercado. **Necesitas aprender a crear una poderosa oferta de servicio y a promoverlo magistralmente.**

Te comento esto ya que existe una gran cantidad de personas, que trabajan en relación de dependencia y de independencia, que suelen invertir tiempo y dinero en adquirir más conocimientos y habilidades relacionadas a su campo de expertise. No suelen invertir en aprender cómo vender o promover sus servicios, creen que es suficiente con hacer un buen trabajo. Pero la realidad no es así, solo cuando ya se tiene una gran reputación y una marca personal muy reconocida es que las oportunidades se acercarán a ti; mientras tanto, debes ofrecer y promover tus servicios como un profesional. Solo de esa manera podrás tener más posibilidades de venderlos e ir construyendo poco a poco la reputación que deseas y necesitas.

De modo que en este libro no aprenderás cómo ser un mejor coach o consultor o asesor. Aprenderás cómo convertir en un negocio y en una fuente de ingresos, tu experiencia y habilidades.

Desde el año 2015 trabajo como asesor en marca personal, en la formación de conferencistas, pero principalmente como asesor en la escritura y auto publicación de libros en Amazon.

Todos los trabajos que he tenido me han aportado grandes satisfacciones, ya que me han permitido ayudar a las personas en su desarrollo, algo que valoro mucho. Pero debo admitir que el servicio que más satisfacciones me ha dado es el de la asesoría en la escritura y auto publicación de libros. Por un lado, me ha permitido conocer personas muy interesantes, conocer sus historias, sus mensajes, su experiencia; pero además me ha permitido contribuir con la difusión de este mensaje y experiencia al mundo. Puedo cobrar honorarios con los que me siento muy cómodo.

Comparto esto ya que muchas personas piensan que es muy difícil tener un trabajo que les apasione, que les permita expresar su potencial, que les permita cobrar buenos honorarios por él y además tener muy buenos clientes. Puedo afirmarte con total honestidad y transparencia que he podido alcanzar todo esto y estoy convencido que también lo puedes lograr tú.

He escrito este libro para ayudarte a que tú también puedas crearte un trabajo que te permita generar ingresos en algo en lo que eres muy bueno, y que además, te gusta.

A fin de alcanzar esto, compartiré contigo "el camino" que me ha funcionado en la creación de mis servicios, en la identificación del mercado adecuado para éstos, en la promoción y en su venta.

Desde el 2014 trato de vivir mi vida con base en un propósito. Esto me ha dado mucha claridad y energía cuando lo he necesitado, ya que no siempre las cosas salen como uno espera. Este libro es un medio más para poder seguir viviendo este proposito, por lo que me agradará mucho saber de ti una vez que termines la lectura de este libro y compartas conmigo cómo te fue.

Recuerda, la promesa de valor de este libro para ti es que:
Aprenderás cómo convertir en un negocio y en una fuente de ingresos tu experiencia y habilidades a través de la oferta de un servicio profesional.

Ahora te invito a que inicies con la mejor disposición la lectura de este libro y a que encuentres un propósito suficientemente fuerte como para ayudarte en todo el proceso que conocerás aquí.

¿QUIÉNES PUEDEN BENEFICIARSE DE ESTE LIBRO?

Ya sabes cuál es la promesa de valor de este libro, ahora es importante que sepas si este libro es para ti.

En términos generales, si tienes el deseo de generar buenos ingresos a través de una oferta profesional que te permita aprovechar tus talentos y experiencia este libro es para ti.

Específicamente, quienes más provecho pueden obtener de la lectura de este libro son:

- Coaches
- Terapeutas
- Psicólogos
- Médicos
- Arquitectos
- Directores
- En general, cualquier profesión que encierre un conocimiento transferible y capaz de solucionar un problema o necesidad en el mercado, ya sea a personas o empresas.
- Personas que están desempleadas y requieren generar ingresos mientras se encuentran en transición laboral.
- Personas jubiladas con deseo de tener actividad laboral.
- Profesionales que actualmente ofrecen servicios profesionales y desean considerar la estrategia y enfoque que aquí presento.

¿Qué personas no podrán aprovechar este libro?

- Personas que piensan que lo saben todo y que no necesitan consejos.

- Personas que creen solo en la suerte o que piensan que no hay nada que puedan hacer para atraer las oportunidades que desean.
- Personas pesimistas, que siempre encuentran excusas para no actuar o que siempre le otorgan la culpa de sus desgracias a la vida y a los demás.

Mi mayor recomendación para el aprovechamiento de este libro es que lo leas en orden y que te dispongas para tomar acción inmediatamente.

Empieza a trabajar tu estrategia a medida que vas avanzando cada capítulo, para ello puedes crear una carpeta en tu laptop o en la nube donde puedas guardar todos los documentos que vayas a crear, o si eres como yo, preferirás comprarte un buen cuaderno o block con hojas blancas junto con lapiceros o esferos de diferentes colores. En mi caso, la escritura a mano me conecta con un estado creativo y de inspiración que me sirve mucho para estudiar y crear.

¡Iniciemos!

CONTENIDO

CAPÍTULO 1: LA RUTA

«Nuevos comienzos frecuentemente se disfrazan de finales dolorosos».
Lao Tzu

«El hecho de que el pasado no haya resultado como querías, no significa que tu futuro no pueda ser mejor de lo que imaginaste».
Anónimo

«No seas prisionero de tu pasado, sé un arquitecto de tu futuro».
Anónimo

«Si no construyes tus sueños, alguien te va a contratar para que ayudes a construir los de él».
Tony Gaskins

Quise iniciar con estos pensamientos ya que posiblemente te encuentras en un momento difícil de tu vida, mucha gente se ha visto afectada por el "efecto pandemia". Debido a este, muchos negocios han tenido que cerrar sus puestos, muchas personas han perdido sus empleos, sumado a esto, muchas personas están asustadas y temen por su salud.

Como realmente existe una oportunidad tras una crisis, hoy puedes conectarte con esa oportunidad y empezar a soñar nuevamente, a ponerle pies a ese sueño y hacerlo realidad.

Una de las grandes oportunidades que este momento te presenta es el de crear una oferta de servicio que te permita aprovechar al máximo tu potencial y también te ofrezca los ingresos económicos que deseas.

A fin de que puedas construir ese camino lo más rápido posible, pongo a tu disposición la ruta que a mí me ha servido para la creación de mis servicios. He sintetizado este proceso en cinco fases:

MARCEL VERAND

Aquí las tienes:

1. Crea tu servicio
2. Promuévelo
3. Digítalizalo
4. Bríndalo
5. Monetízalo

En este capítulo le daré una revisión rápida a cada una de las fases. De esta forma podrás tener el panorama completo y así podrás entender la importancia de cada una. A partir del siguiente capítulo, abordaré cada una de ellas con más detalle.

Aquí las tienes...

Crea tu servicio

En esta fase aprenderás cómo crear una oferta de servicio que esté alineada a tu propósito, a tu potencial y que además tenga demanda en tu mercado. El principal propósito de esta fase es que eleves tus probabilidades de cerrar o concretar ventas y que cuando entregues tu servicio, te destaques.

En esta fase aprenderás cómo:
- Reconectarte con tu potencial
- Clarificar tu mercado
- Crear tu servicio

Promuévelo

Una vez que ya tienes la oferta preparada, necesitas crear las bases de tu estrategia de comunicación y visibilidad, tanto de tu marca personal como de tu servicio. El principal propósito de esta fase es que asegures la visibilidad de tu servicio ante las personas adecuadas, que generes interés en él y eleves tus probabilidades de ventas.

En pocas palabras en esta fase aprenderás:
* Cómo trabajar tu marca personal y hacerla atractiva.
* Cómo preparar una estrategia digital para tus redes sociales.
* Qué considerar al momento de mandar a diseñar tu página web.
* Cómo utilizar los elementos de comunicación para la venta que yo utilizo y que me han ayudado mucho a obtener un porcentaje elevado de cierres al momento de hacer una oferta de mi servicio de asesoría en la escritura y publicación de libros.
* Cómo obtener prospectos gracias al networking y participación de eventos.
* Cómo gestionar reuniones virtuales o presenciales donde ofrezcas tu servicio y mucho más.

Digitalízalo

En este punto ya cuentas con una una gran oferta de servicio, también con la estrategia de comunicación y elementos que te ayudarán a promover su venta, ahora es importante que te alínees al contexto actual en el cual se promueve el teletrabajo, distanciamiento social y uso de Internet de modo que puedas promover y ofrecer el servicio a distancia (dentro y fuera del territorio nacional).

En esta fase conocerás diferentes recursos digitales que pueden ayudarte a promover tus servicios, coordinar reuniones e incluso entregar tu servicio sin que tengas que salir de tu hogar u oficina.

También aprenderás cómo optimizar tu tiempo y ahorrar en la contratación de personal utilizando algunos servicios virtuales que ayuden a la gestión y administración de tu negocio.

Puntualmente en este capítulo te enseñaré:

- A crear un generador de citas digital.
- Cuáles son los principales softwares en línea que uso para tener reuniones virtuales que me permiten ofrecer mis servicios y brindarlos.
- Qué opciones puedes usar para cobrar tus servicios con tarjeta de crédito dentro y fuera del país.
- Qué alternativas digitales existen para gestionar tu negocio.
- Qué plataformas existen para iniciar un negocio digital.

Bríndalo

Al término de las fases anteriores habrás obtenido tu primer cliente, es momento de brindar tu servicio. El propósito de esta fase es dejar unos lineamientos sobre cómo entregar el servicio, buscando la mejor experiencia para los clientes y la posibilidad de obtener referencias por parte de éstos, a fin de obtener nuevos clientes.

Puntualmente te enseñaré:
- Cómo prepararte para tu primera reunión.
- Qué información inicial debes brindar a tu cliente para que él se prepare.
- Cómo estructurar tu primera sesión.
- Qué considerar respecto al resto de sesiones y al seguimiento.
- Cómo cerrar el servicio y obtener un testimonio que ayude a obtener más clientes.

Monetízalo

Si bien este libro está centrado en darte los recursos para que puedas crear, promover y ofrecer servicios de asesoría o consultoría aprovechando tu experiencia, en este capítulo te enseñaré qué otras actividades puedes realizar para monetizar tu experiencia laboral y de vida.

En este capítulo te hablaré sobre:
- Escritura y venta de libros
- Cursos digitales y entrenamientos virtuales
- Entrenamientos presenciales
- Certificaciones
- Franquicias
- Conferencias
- Grupo de mentes maestras o masterminds
- Eventos

Esta ruta de cinco fases te ayudará a disminuir tu curva de aprendizaje en esta actividad, de modo que puedas iniciar en poco tiempo y con pie derecho la oferta de tu nuevo servicio.

A fin de evitar que tú mismo no te sabotees y te impidas implementar esta solución, en el siguiente capítulo te presentaré algunos pensamientos de los que debes protegerte.

CAPÍTULO 2: ¿QUÉ TE LO PUEDE IMPEDIR?

«Cuando no somos capaces de cambiar una situación, tenemos el desfío de cambiar nosotros mismos».
Viktor E. Frankl

Luego de varios años trabajando como coach, consultor y mentor, he comprobado que de nada sirve contar con una fórmula o estrategia si no somos capaces de implementarla de forma adecuada. Curiosamente nuestra capacidad depende en principio a la clase de mentalidad que tengamos. Me refiero de forma específica al tipo de pensamientos y creencias que hemos adquirido y fortalecido a lo largo de los años.

Estos pensamientos y creencias pueden llevarnos a un autosabotaje e impedirnos tomar acción. Es por ello que en este capítulo compartiré contigo algunos pensamientos que he tenido, que en su momento fueron un gran obstáculo y retardaron mucho mi éxito como profesional independiente.

Posiblemente te identifiques con alguno de estos pensamientos, si es el caso, te invito a que consideres con seriedad el contenido que comparto en él.

La lista de pensamientos que pueden impedirte tomar acción en los consejos que recibirás en este libro son:

1. La auto promoción o "auto venta" es mal vista.
2. Los vendedores manipulan a las personas.
3. Debo ofrecer ayuda gratis cuando me la piden.
4. No valgo lo suficiente como para que alguien quiera contratar mis servicios.
5. Solo los servicios "buenos, bonitos y baratos" son competitivos.

6. Se necesita ser una persona extrovertida para ser exitoso.

La auto promoción o "auto venta" es mal vista

Tal vez una de las principales barreras que nos imponemos para nuestro éxito, es esta. Muchos hemos visto mal a aquellas personas que comparten sus logros o "se venden". Antes pensaba que estas personas eran ególatras y que con este comportamiento solo generaban resistencia en los demás e incluso una mala disposición hacia ellos.

Este tipo de pensamiento me impedía reconocer en público mis logros o cualidades. Recuerdo con claridad que lo tenía muy arraigado de niño y en mis primeros años profesionales. Cada vez que alguien reconocía algo bueno en mí o en mi comportamiento, solía evadir el comentario o dirigirlo hacia otra persona. Después de más de 35 años aún recuerdo que cuando tenía 10 años, me gustaba mucho dibujar y dibujaba bastante bien; alguna vez la mamá de un compañero me dijo: *"Marcel, qué bonito tu dibujo"*, yo de inmediato me sonrojé un poco y le dije que su hijo lo hacía mejor. Lo mismo me pasaba con la música. En el fondo actuaba de esa forma, ya que pensaba que era muy bueno mostrarme humilde, pensaba que las personas lo reconocerían como algo positivo e incluso que internamente sabrían que yo sí era bueno en lo que hacía.

De lo que no me di cuenta es que, con el tiempo, de tanto disminuir "mi trabajo", empecé yo mismo a creerlo. No es casual que no haya desarrollado mucho más estas habilidades artísticas.

Este mal hábito de mostrarme humilde y disminuir mis logros para no parecer ególatra, perjudicó mucho mi desarrollo profesional, ya que afectó mucho mi auto confianza.

Incluso habiendo obtenido en el 2009 una posición de responsabilidad importante como Country Manager en Lima, de una importante consultora de RRHH española, centraba mi energía en promover a la institución por encima de todo.

Pero fue en el 2014 en el que cambié radicalmente mi forma de pensar. Estuve buscando trabajo sin éxito por más de un año y uno de los principales motivos de no obtener empleo fue que mi nombre no era reconocido; mientras trabajaba como empleado me dediqué principalmente a promover el nombre de la empresa donde trabajaba y no el mío. Fue entonces que me di cuenta de que es nuestra responsabilidad ser nuestros mayores promotores, y, desde este rol, promover nuestros logros, nuestras capacidades, nuestra experiencia e incluso nuestros intereses. De otra forma corremos el riesgo de perder muchas oportunidades laborales, de desarrollo y de venta de nuestros servicios.

De seguro sí existen algunos ególatras, pero que esto no te impida aprender a venderte.

Si el mundo no sabe que existes y tampoco sabe cuál es el valor que eres capaz de ofrecer, entonces pierden ambos, el mundo y tú. Estoy muy convencido de esto. Cuando das a conocer tu oferta de valor, tus cualidades, tus capacidades, ayudas al mundo.

De modo que si antes no te sentías cómodo promocionándote, piénsalo dos veces ya que si deseas convertirte en un asesor o consultor independiente, necesitas asegurar que el mercado sepa de ti y de tu capacidad de generar resultados.

Los vendedores manipulan a las personas

Recuerdo que entre el año 2006 y 2008 un comercial del BBVA estaba de moda, este comercial se llamaba ESTOY MIRANDO. Era un comercial que reflejaba la indisposición que muchas personas tienen hacia los vendedores. En él, cada vez que un vendedor se acercaba a un potencial cliente dentro de una tienda, este respondía: "*estoy mirando*", esto para evitar un compromiso de compra o que el vendedor lo asediara con sus preguntas o deseos de vender. Puedes ver el vídeo aquí: **https://youtu.be/2TDXTlvCOAA**

En general, existe una mala percepción hacia los vendedores. Muchos piensan que estos van a recurrir a una serie de estrategias que buscan confundir a sus potenciales clientes para hacerlos comprar un producto o servicio que no desean.

Confieso que incluso hoy en día, en ocasiones, cuando estoy frente a un vendedor suelo ponerme en alerta y evitar dejarme "enredar" y con ello, tomar una decisión de la cual después me arrepienta.

Sin duda esta mala fama, se debe a malos profesionales de las ventas, pero no por estas personas inescrupulosas debemos juzgar a todos por igual.

Las ventas son importantes y muy necesarias en nuestra vida. Gracias a las ventas es que podemos acceder a productos y servicios que nos ayudan a progresar, a solucionar un problema, a alcanzar un objetivo, entre otros.

Son las ventas las que te permitirán colocar una oferta que ayude a tus clientes, sean empresas o personas, a alcanzar un fin mayor.

Como asesor o consultor debes saber cómo vender tus servicios, además creo que es importante que lo disfrutes. La forma que encontré para disfrutarlo es sintiéndome honesto y sincero en esta acción. Para sentir lo mismo que yo, puedes comenzar por valorar mucho tu servicio. Toma consciencia del bien que aportará al mercado. Lo segundo es que lo ofrezcas solo a aquellas personas o empresas que realmente lo necesitan. Pero cuando lo estás haciendo, hazlo con total convencimiento y orgullo. Si tú no crees en tu producto, será difícil que el resto de personas lo haga.

Particularmente estoy convencido que mi servicio de asesoría en la publicación de libros es el mejor que existe. Esto es por que lo disfruto mucho, he ganado mucha experiencia en esa actividad, tengo una serie de habilidades que ayudan mucho a mis clientes en el proceso y porque tengo una gran vocación de servicio y ayuda que siempre transmito a mis clientes. Cuando ofrezco mi servicio es porque creo con firmeza que es la mejor opcion y lo hago con mucho entusiasmo y orgullo, y esto, ayuda mucho a que pueda lograr concretar mis ventas.

De modo que si te da vergüenza vender, o tienes temor que te juzguen de forma negativa por ello, re-enfoca tu atención y sé consciente que al hacerlo estarás ayudando a más personas a acercarse a donde desean llegar.

Debo ofrecer ayuda gratis cuando me la piden

¿Te ha sucedido alguna vez que amigos y conocidos te han pedido consejos en los temas en que eres experto?

De verdad me gusta ayudar y lo he hecho siempre que he podido, pero años atrás, cuando cambié de actividad laboral y me dediqué a ofrecer asesorías en marca personal, muchas personas me pedían consejo sobre ese tema. Era una época difícil para mí, ya que en ese momento no tenía demanda de mis servicios, y por tanto, no tenía mayores ingresos. Aún así daba consejo a quienes me lo pedían, siempre me gustó ayudar y pensaba que era egoísmo no compartir lo que uno sabía. El problema es que seguía sin vender mis servicios y la gran mayoría de las personas a quienes daba mis consejos no los implementaban o tomaban en cuenta. Esto fue muy decepcionante.

Me di cuenta que muchos no implementaban los consejos porque no los valoraban lo suficiente, ya que no les habían costado nada. Esto me hacía sentir que estaba perdiendo mi tiempo y así era.

Ten presente también que una cosa es dar consejos y ayudar respecto a pasatiempos y actividades de las cuales no depende tu principal fuente de ingreso y otra cosa es darlos respecto a tu actividad principal. De seguro has realizado muchos sacrificios para poder aprender lo que sabes hoy. Posiblemente has invertido mucho tiempo y dinero en el conocimiento que hoy ofreces detrás de tu servicio. De modo que tienes todo el derecho de cobrar un honorario que te parezca justo por entregarlo. Lo mejor de todo es que al cobrar por ello, lograrás que tus clientes lo valoren más y se esfuercen por seguir tus consejos.

Cada vez que haces algo dejas de hacer otra cosa. De modo que cada vez que alguien te pida un consejo "gratis" hazte la pregunta: *¿qué cosas puedes estar dejando de hacer por regalar mis consejos a una persona que no los aplique?*

En relación a esto es importante que determines qué tipo de clientes deseas. En mi caso, una de las características que siempre busco es que sean personas que valoran y respetan el trabajo de los demás. Esto se traduce en que no quieran las cosas gratis y al mismo tiempo que estén dispuetos a invertir en su desarrollo. Te comento esto porque, si buscas clientes como los míos, entonces los encontrarás y éstos no se acercarán pidiendo que les des consejos gratis.

Como asesor y consultor es importante que valores tu tiempo, tu experiencia y conocimientos, que seas consciente que representan tu fuente principal de ingresos y que es más que razonable que puedas cobrar una tarifa justa por tu trabajo.

Dicho esto es importante aclarar que sí considero adecuado ayudar a personas que creas que de verdad lo necesitan y que no tienen los medios para poder pagarte. Por supuesto, familia y amigos cercanos tienen preferencia.

También es importante decirte que más adelante te recomendaré que aportes información de mucho valor en tus redes sociales. Esta acción es una forma de regalar tu conocimiento, sin embargo, es importante hacerlo ya que es una estrategia muy poderosa para demostrar capacidad, ganar la confianza de un mercado y también para crear una comunidad de seguidores. La principal diferencia aquí es que el conocimiento que compartes es de forma masiva y es parte de tu estrategia de comunicación. Recuerda que debemos darnos a conocer.

No valgo lo suficiente como para que alguien quiera contratar mis servicios

Cuando tenía alrededor de los 29 años me sentía muy inconforme con el trabajo que entonces tenía, principalmente por el salario, lo consideraba muy bajo. En aquella época, en una de las mejores conversaciones que tuve con mi padre, me dijo: *"Marcel, tienes el derecho a tener un trabajo donde valoren justamente tus aportes, tienes el derecho de tener un buen ingreso y de sentirte orgulloso de ti".* Tal vez sus palabras no fueron con exactitud estas, pero fueron muy similares y el mensaje era el mismo. Aún las recuerdo por el alto impacto que tuvo en mí en ese momento. Me di cuenta que en el fondo yo no me valoraba lo suficiente, no me sentía capaz de pedir más o esperar más de la vida. Tal vez era porque buena parte de mi vida me la había pasado disminuyendo mis habilidades y logros.

Comparto este capítulo de mi vida, ya que tal vez no sientes que tienes la suficiente experiencia para ofrecer tus servicios como asesor o consultor, tal vez consideras que aún no tienes las habilidades suficientemente desarrolladas, o que no has alcanzado demasiados logros como para que alguien desee recibir tu consejo.

Estoy aquí para decirte que sí tienes lo necesario para dar ese servicio. A esta altura de tu vida, has acumulado una experiencia y habilidades únicas. Te aseguro que siempre habrán personas que sepan menos de lo que tú sabes, y que pueden enriquecerse y utilizar de forma positiva tu experiencia sin importar que tan vasta sea. Lo más importante es que clarifiques muy bien qué es lo que puedes ofrecer y qué tipo de personas pueden beneficiarse de ello.

No te estoy diciendo que mientas sobre lo que sabes y puedes hacer, solo que identifiques muy bien tu mercado y tu oferta, luego que la presentes con transparencia y con mucho entusiasmo.

Solo los servicios "buenos, bonitos y baratos" son competitivos

Este es otro mito, si bien muchas personas utilizan este criterio para la compra de servicios o productos, creo que este criterio deja de ser el principal cuando se trata de algo demasiado importante para un cliente.

Es más, muchas veces un servicio muy económico nos hace dudar sobre su calidad y en muchos casos hacemos bien al dudar. Por algo la frase: "lo barato sale caro", ha tomado tanto protagonismo.

Como dije antes, dependiendo del tipo de servicio o producto que necesitemos, el precio puede no ser tan relevante en la toma de decisión. Un ejemplo de esto lo vemos en el tema de la salud. ¿Dejarías tu salud o la de tu familia en manos del doctor más económico y de dudosa reputación?

Es muy probable que vayas a encontrar muchos profesionales que ofrecen un servicio similar al tuyo con precios muy bajos, y debido a ello, estés tentado de bajar los tuyos. Mi recomendación es que no lo hagas. Centra tu energía y estrategia en diferenciar tu producto, en agregarle más valor a tu cliente, en crear una buena reputación para tu servicio, en desarrollar una buena marca personal. Somos las personas las que hacemos la diferencia en la entrega de los servicios, de modo que nadie podrá entregar el servicio como lo entregas tú. Aquellos profesionales que ofrecen el servicio a un valor muy bajo, necesitan de muchos clientes para poder cubrir sus gastos y esto muchas veces se traduce en un mal servicio junto a una vida muy estresante para ellos. Es mejor tener menos clientes, pero buenos clientes y a tarifas con las que te sientas cómodo.

En caso de que tengas dificultades para fijar un honorario justo por tu servicio toma en cuenta un consejo que le escuché a un asesor norteamericano que respeto mucho llamado Ed Rush. Considera cuál es el valor que representa para tu cliente, qué tanto valor recibe tu cliente de tu servicio. Por ejemplo. Un servicio valorizado en 5,000 dólares para un trabajo de tres meses que demande de tu parte aproximadamente unas 12 horas puede ser percibido como costoso, pero si ese servicio le permite a tu cliente ganar 15,000 dólares cada tres meses, el costo del servicio se vuelve bajo.

Un ejemplo muy cercano de esto lo viví en agosto del 2019. En esa fecha hice el lanzamiento de mi libro Conviértete en Autor y Monetiza tu Potencial por medio de una conferencia presencial en el local de Uniandinos (Asociación de Egresados de la Universidad de los Andes de Colombia). Entonces vendía mi asesoría de publicación de libros en USD 2,000. Recuerdo que ese día vendí el equivalente a 5,350 dólares en asesorías, además de que casi el 100% de la audiencia comprara mi libro digital Conviértete en Autor. En caso de que yo hubiera sido mi propio cliente y hubiera pagado los USD 2,000 por la asesoría, con la presentación de mi libro, no solo habría recuperado mi inversión, sino también habría tenido un excedente a mi favor de Usd 3,350 más el beneficio de haber logrado un #1 best seller en Amazon.

Es por ello que no debes preocuparte por el hecho de que existan servicios similares a los que tú ofreces a un valor mucho menor. Concéntrate en conocer bien a tu mercado y en que tu servicio pueda agregar mucho valor a tus clientes.

Se necesita ser una persona extrovertida para lograr el éxito

Todos conocemos personas sociales, con muchos contactos en diferentes empresas, personas carismáticas capaces de tener seguidores y de influir en las personas para la venta de sus servicios. Si bien es cierto que las habilidades sociales están muy relacionadas al éxito profesional, estas no son exclusivas de las personas extrovertidas. Tú puedes ser introvertido y aún así generar muy buenos contactos, ser carismático e incluso un gran vendedor.

La introversión y extraversión no determinan el éxito de una persona, sí lo determina el uso adecuado de cada uno de estos niveles de alerta.

Muchos confunden la timidez con la introversión y déjame decirte que no son lo mismo. La timidez está relacionada más a una falta de confianza y al temor de ser juzgado mal por el resto de personas, mientras que la introversión tiene que ver con una preferencia a ambientes tranquilos, poco competitivos y donde puedan concentrarse sin ser interrumpidos; ya que en estos ambientes se recargan de energía.

Lo que trato de explicarte en este punto es que las habilidades sociales y comerciales son totalmente aprendibles. Esto no significa fingir ser otra persona, pero sí gestionar de forma el propio estilo social y comunicación.

Lo mejor de todo es que cuando encuentras una actividad que te apasiona, sin importar si eres introvertido o extrovertido, te conectarás con el entusiasmo al hablar de esa actividad y ese entusiasmo será muy bien recibido por tus interlocutores.

Sí, es muy importante que puedas reconocer si tiendes a la introversión o a la extraversión para que puedas aprovechar ese autoconocimiento creando una estrategia que se adecúe a tu estilo.

Tanto la introversión como la extraversión tienen muchas ventajas. Una ventaja clara de la extraversión es la facilidad para generar relaciones y ser sociable. Una ventaja clara de la introversión es su capacidad de análisis, de escucha y facilidad para formular preguntas. Las preguntas son un recurso excelente tanto para la venta como para el ejercicio de la asesoría o consultoría.

Ten la tranquilidad y seguridad que podrá irte bien, seas introvertido o extrovertido.

Ya estás listo para continuar y empezar a trabajar la estrategia de cinco pasos que he preparado para ti. En el siguiente capítulo compartiré cuál es el proceso que te recomiendo seguir para crear una oferta de servicio alineada a tu potencial, y que, al mismo tiempo, sea de interés en tu mercado.

CAPÍTULO 3: CREA TU SERVICIO

«En una palabra, puedo resumir todo lo que he aprendido sobre la vida: continúa».
Robert Frost

En esta fase te enseñaré cuál es el proceso que sigo para crear un servicio, es el mismo proceso que usé para crear mi servicio de asesoría en publicación de libros y que uso para ayudar a mis clientes a crear los suyos.

El principal objetivo de este capítulo es que puedas crear una oferta de servicio que esté alineada a tus motivaciones y también que pueda tener demanda en el mercado.

Ten presente que al momento de crear tu servicio, en apariencia podría no tener demanda en tu mercado por no ser algo conocido, sin embargo, con la estrategia de comunicación adecuada podrías generar esa demanda. Me pasó a mí...

En el año 2014, decidí cambiar de actividad e ingresar a un nuevo sector ofreciendo asesorías en la gestión de la marca personal, en esa época el mayor desafío que enfrentaba era que no existía mucha demanda sobre estos servicios. Si bien el personal branding apareció en USA a finales de los años 90, en Perú y en Latinoamérica es un concepto que es conocido hace pocos años. Lo curioso es al poco tiempo de haber incursionado en esa actividad escribí y auto-publiqué un libro sobre cómo crear y gestionar una marca personal. Esta acción tuvo resultados muy positivos en la generación de oportunidades para mí, lo que me llevó a considerar seriamente aprender más sobre ese proceso y ofrecerlo a mis clientes.

El servicio que ideé se diferenciaba del ofrecido por las editoriales tradicionales en el mayor nivel del control sobre el contenido y comercialización de los libros que tendrían mis clientes. Esto era importante ya que la orientación que le daba a mi servicio era convertir a los libros en una herramienta de marketing que ayudara a mis clientes a mejorar su posicionamiento profesional, a elevar su visibilidad y a generarse mejores oportunidades comerciales, económicas o laborales.

Lanzar este servicio me enfrentó con muchos prejuicios respecto a esta actividad. Muchas personas pensaban, y aún hoy, piensan que solo pueden escribir libros personas muy cultas, con muchos años de experiencia, que además tienen muchos títulos de estudios de postgado y/o que cuentan con investigaciones científicas serias.

Recuerdo con claridad que cuando empecé a ofrecer este servicio muchos me decían que no lo podría vender, que competía con empresas muy grandes (las editoriales) que las personas no se atreverían a invertir en este tipo de servicios, incluso que mis honorarios eran muy elevados.

Comparto contigo esta historia porque buena parte de lo que me impulsó a ofrecer este servicio fue la intuición, pero también haber comprobado sus resultados. Desde mi perspectiva este servicio podría tener mucha demanda y tuve razón.

Ahora, un elemento clave fue la paciencia y la persistencia. Tuve que esperar más de medio año para lograr mi primera consulta sobre el servicio y unos nueve meses en lograr mi primera venta.

La creación de un buen servicio es algo sencillo, ahora te mostraré cuál es el camino que sigo y que también recomiendo a mis clientes. Consta de tres pasos:

1. Reconéctate con tu propósito y potencial
2. Clarifica bien tu mercado y elige tu servicio
3. Crea una oferta de servicio atractiva

Veamos cada uno de ellos en detalle.

Reconéctate con tu propósito y potencial

No basta con que tengas un servicio atractivo en papel. Es muy importante que estés en capacidad de distinguirte, mientras lo entregas y que además, logres que sea memorable. Me refiero a que la experiencia para tu cliente sea la mejor.

Dos de los requisitos que permiten que esto se cumpla son:

- Que tu servicio esté alineado a tu visión y a tu misión personal.
- Que tu servicio te permita aprovechar al máximo tu potencial.

Cuando cumplas con estos requisitos, te conectarás con una poderosa energía y motivación, ya que tu servicio responde a un propósito valioso para ti. Este solo hecho marcará toda la diferencia en tu negocio, ya que tendrá un impacto muy positivo en la forma en la que promueves estos servicios, en la que los brindas, así como en la forma en la que enfrentas momentos difíciles.

Que tu servicio responda a un propósito mayor permitirá que te emociones cuando hables de él, tus interlocutores percibirán esa emoción y muy posiblemente se contagiarán de ella. Esto ayuda a que se identifiquen contigo y sientan que eres la persona adecuada para ellos. Por supuesto, esta misma emoción te acompañará mientras haces la entrega de tu servicio, te ayudará a mantener un mejor humor, a cuidar los detalles y tu compromiso de modo que tu cliente exceda sus expectativas. También te facilitará tomar decisiones respecto a tu trabajo, las cuales pueden representar mantenerte firme a pesar de una demora en la venta del servicio o de dificultades que puedan surgir.

Desde que pude comprobar los grandes beneficios de actuar y trabajar con base en un propósito, lo promuevo constantemente. Si revisas mis libros anteriores, sobre todo, los que se encuentran dentro de la colección Monetiza tu Potencial, te darás cuenta que siempre incluyo este punto.

Todos mis servicios están alineados al propósito que elegí en este momento de mi vida, el cual consiste en ayudar a las personas a reconocer su valor, a darlo a conocer y a conectarse con una genuina sensación de realización persona a través de su actividad.

La claridad sobre este propósito me ha permitido entregar lo mejor en cada servicio. Especialmente en el servicio de asesoría en escritura y publicación de libros.

Dado que estás leyendo este libro, entiendo que te encuentras en un momento importante de tu vida. Tal vez estás buscando reinventarte o buscas mejorar la oferta que ofreces en la actualidad. Mi principal sugerencia es que tomes un tiempo en encontrar tu propósito.

Una forma sencilla consiste en que te conectes con un futuro ideal. ¿Dónde te ves? ¿Qué reconocimientos, que realmente te enorgullecen, has logrado? ¿Cuál o cuáles han sido tus mayores aportaciones al mundo? ¿Con qué emociones se conectan las personas cuando piensan en ti? ¿Qué personas y lugares frecuentas? ¿Qué estilo de vida tienes?¿A qué actividades te dedicas?

Te invito a que tomes un lápiz, una o más hojas en blanco, que coloques música inspiradora y empieces a soñar despierto. Toma estas preguntas como disparadores y construye una **visión** que realmente te inspire y te sirva de guía en cada una de tus decisiones.

Ahora se trata que encuentres tu **misión** en la vida. Tal como te dije antes, creo que uno puede elegir su misión y puede cambiarla cada cierto tiempo. Si tienes un pensamiento diferente y crees que ya nacemos con una misión específica, te invito entonces a que la busques. Tanto que creas que puedes elegir como que ya tienes una misión determinada, sé que una buena forma de encontrarla consiste en conectarte con el tipo de aporte que puedes dar en el mundo y con el tipo de actividades que más disfrutas y en las que puedes destacar.

Mi propósito de ayudar a las personas a descubrir su valor representa mi misión y está totalmente alineado a los servicios que ofrezco ahora mismo.

En caso de que aún tengas dudas sobre cuál puede ser tu misión, puedes empezar a reconocer tu **potencial**, ya que este te dará claridad sobre el tipo de actividades en las que puedes destacar, y que, además te parezcan estimulantes. Con ello te será más sencillo encontrar el tipo de aporte que puedes dar a las personas y al mundo.

Desde el año 2012, sigo una metodología llamada Talentum, creada por Cristina Oneto, para ayudar a mis clientes a encontrar su potencial. La propuesta de Cristina indica que una persona estará en capacidad de expresar su potencial cuando:

- Realice una actividad que le permita expresar sus valores.
- Mientras utiliza sus principales talentos, incluso talentos naturales.
- En un ambiente donde pueda respetar y aprovechar su nivel de introversión o extraversión.

En mi canal de YouTube tengo varios vídeos que explican sobre los valores, niveles de alerta (introversión y extraversión) y también sobre los talentos naturales. Si deseas realmente encontrar tu potencial, te sugiero que los veas y luego encuentres aquellos valores, talentos y nivel de alerta con los que más te identificas. Los anotes en un papel y pienses en qué tipo de actividades te permiten usarlos. Puedes encontrar los vídeos aquí: **https://bit.ly/DescubreTuPotencialMV**

Si deseas profundizar más en cómo encontrar tu potencial te invito a que busques mi libro llamado POTENCIA TU EMPLEABILIDAD. En ese libro, explico con mayor profundidad este tema. Lo puedes encontrar en Amazon.

Ahora que ya tienes claro un propósito y tu potencial (aquello que te motiva, aquello en lo que te destacas y el tipo de ambiente en el que puedes dar lo mejor de ti), **ya puedes empezar a redactar una lista de posibles actividades que te permitan expresar tu propósito y tu potencial.** De esa forma asegurarás que tu servicio final esté alineado.

Mi principal sugerencia es que en este momento creativo no te limites solo a tus experiencias pasadas. Conéctate con posibilidades que realmente te estimulen, recuerda que deben cumplir con los dos requisitos que indiqué al principio: deben permitirte aprovechar tu potencial y expresar tu propósito.

Por ejemplo, cuando estuve evaluando cambiar actividad, dos de las actividades que me entusiasmaban mucho (incluso ahora) son:

- La creación de una escuela de jedis. Donde podían ingresar personas de todas las edades a un ambiente o aula que estuviera ambientada al estilo de Star Wars. Mi idea era contar con docentes marciales que enseñaran a las personas a usar las espadas lasers, también a realizar algunas acrobacias y sobre todo impartir la filosofía "jedi" ajustada a nuestro contexto.
- La creación de una empresa que fabrique disfraces, armas y utencilios para películas épicas y de ciencia ficción.

Como te darás cuenta, soy un apasionado del cine, aunque estos dos ejemplos no son servicios. El motivo por el que decidí no continuar con estas ideas fue por que no estaban alineadas a mi propósito de ayudar a las personas a encontrar su valor y darlo a conocer, ni tampoco a mi potencial (el cual me facilita realizar trabajos de asesoría, coaching y acompañamiento).

Es así que encontré otras actividades que sí me permiten cumplir con mi propósito y potencial:
- Asesoría en marca personal
- Asesoría en formación de conferencistas
- Asesoría en escritura y publicación de libros
- Asesoría en la creación y entrega de servicios profesionales

Ahora te toca a ti. Haz un alto a la lectura en este momento y empieza a conectarte con actividades que te entusiasmen, escribe una lista de al menos 20 cosas que puedes ofrecer y luego empieza a quedarte con aquellas que cumplen con los dos requisitos que te indiqué. Con ello asegurarás la sostenibilidad de tu servicio.

Clarifica bien tu mercado y elige tu servicio

En este paso, te ayudaré a elegir el servicio que ofrecerás y sobre el cual podrás desarrollar una oferta.

Sea cual sea el servicio que vayas a elegir, es muy importante que tenga demanda en tu mercado. Me refiero a que existan empresas o personas que lo busquen y estén dispuestas a pagarte de forma justa por brindarlo.

Para lograr esto es necesario que te tomes un tiempo en identificar y reconocer a los potenciales clientes para cada una de las actividades que elegiste en el punto anterior y que están alineadas a tu propósito y potencial.

Una pregunta que puedes estar haciéndote en este momento es ¿cómo identificar a estos potenciales clientes? La clave está en que primero determines los resultados que puedes ofrecer con cada uno de los servicios que enlistaste y también los problemas que resuelven.

Te daré un ejemplo con la lista que te presenté en el punto anterior:

- **Asesoría en marca personal**
Resultados ofrecidos: visibilidad ante personas adecuadas y posicionamiento.
Problema que resuelve: falta de visibilidad, empleabilidad, falta de interés en el mercado por la persona.

- **Asesoría en formación de conferencistas**
Resultados ofrecidos: capacidad de crear y entregar una presentación de alto impacto ajustable a cualquier objetivo y a cualquier audiencia.
Problema que resuelve: baja venta de servicios o productos.

- **Asesoría en escritura y publicación de libros**

Resultados ofrecidos: capacidad de escribir, auto publicar, promocionar, vender un libro en Amazon y obtener la distinción de ser #1 en ventas.

Problema que resuelve: baja venta de servicios o productos, falta de posicionamiento, poca diferenciación de la competencia.

- **Asesoría en la creación y entrega de servicios profesionales**

Resultados ofrecidos: capacidad de crear, ofrecer y monetizar un servicio alineado al propósito y potencial de quien lo ofrece y además alineado a los deseos y necesidades de su mercado.

Problema que resuelve: necesidad de generar ingresos rápidamente, adecuarse al nuevo contexto pandemia y post pandemia.

Si bien actualmente ofrezco todos estos servicios, inicié con uno. **Es importante que te enfoques en solo un servicio**, que lo llegues a dominar y tengas resultados comprobables para que recién evalúes crear uno nuevo.

Te invito a que le pongas pausa a esta lectura y empieces a escribir los resultados que puedes ofrecer con cada actividad identificada y luego los problemas que resuelve.

Con esta información ya estás en capacidad de identificar cuál es tu mercado potencial para cada actividad. La manera sencilla de hacerlo es pensar en qué personas son las que más desean tener esos resultados y desean resolver esos problemas.

A modo de ejemplo te indico qué mercado potencial tengo para la lista de servicios que enumeré.

- **Asesoría en marca personal**

Mercado potencial: Profesionales que buscan elevar su empleabilidad, profesionales independientes que desean distinguirse en el mercado, empresarios.

- **Asesoría en formación de conferencistas**

Mercado potencial: gerentes, directores, empresarios, emprendedores y profesionales independientes que desean elevar la demanda de sus productos o servicios.

- **Asesoría en escritura y publicación de libros**

Mercado potencial: gerentes, directores, empresarios, emprendedores y profesionales independientes que desean elevar la demanda de sus productos o servicios, pero también desean ingresar a otros mercados.

- **Asesoría en la creación y entrega de servicios profesionales**

Mercado potencial: profesionales que perdieron su empleo debido al Covid19, profesionales independientes que necesitan cambiar o ajustar su actividad al nuevo contexto.

Te invito a que detengas la lectura e identifiques a los potenciales clientes que tendrías en cada una de las actividades.

Bien, ya cuentas con una lista de actividades posibles y una lista de potenciales clientes para cada una. **Ahora compartiré contigo un método sencillo que te ayudará a elegir el servicio sobre el cual contruir tu oferta de servicio.**

El método consiste en que califiques cada uno de estos servicios en función a 7 criterios. La idea es que puntúes cada actividad en cada criterio, siendo 10 el puntaje máximo y 1 el mínimo. Al final elige la actividad que tiene el mayor puntaje.

Criterios para evaluar y elegir el mejor servicio:

a. Te apasiona (de verdad te entusiasma mucho hacerlo).
b. Tienes el talento natural para destacar en él (tendrías mucha facilidad para sobresalir en el ejercicio de este servicio).
c. Tienes una ventaja competitiva y diferenciadora (esta ventaja debe ser muy valorada en el mercado).

d. Es muy rentable (puedes cobrar una suma interesante por realizarlo).
e. Tiene mucha demanda en el mercado (existe ya un mercado que consume ese tipo de servicio en la actualidad).
f. Es fácilmente vendible (los resultados y beneficios son muy evidentes y no necesitas trabajar mucho en la venta para que lo compren).
g. Es fácilmente entregable (se refiere a que no te demorarías mucho en crear e implementar la oferta, no requiere de mucha inversión o en todo caso tienes lo necesario para iniciar ya la oferta).

Te invito a que le pongas pausa a la lectura. Tomes un papel, prepares un cuadro donde enlistes todas las actividades que identificaste, y luego, otórgales un puntaje del 1 al 10 en cada uno de estos criterios. Finalmente realiza la suma obtenida para cada actividad.

¿Qué actividad fue la ganadora? Tal vez tuviste más de una ganadora, si ese es el caso puedes incorporar otros criterios para tomar la decisión. Lo importante es que elijas solo una actividad.

¡Felicitaciones! A esta altura del libro ya sabes cuál será el servicio que ofrecerás, ahora te enseñaré cómo darle forma y crear una oferta de servicio atractiva que ajuste este servicio a los deseos y necesidades de tu público objetivo potencial.

Crea tu oferta de servicios

Lo primero que te aconsejaré es que puedas crear **una promesa de valor para tu servicio**.

En este momento, el mejor punto para iniciar la creación de tu promesa de valor está en el final. Te recomiendo que tomes la actividad ganadora y profundices en esta información:

- ¿Qué resultados puede prometer?

- ¿Qué problemas resuelve?
- ¿Quiénes son las personas que más pueden beneficiarse de esto?

Esta información es clave para poder captar el interés y atención de este mercado potencial hacia tu servicio y también para que puedas identificar qué fases o pasos debe incluir brindarlo exitosamente.

Ten presente esto: "las personas se interesarán en contactarte, preguntar y comprar tu servicio solo si este atiende sus principales deseos y resuelve sus principales problemas".

Ahora quiero centrar tu atencion en dos palabras: **desear** y **necesitar**.

Cuando estudiaba marketing a finales de los años 90, me decían que el marketing existía para identificar necesidades en las personas, y con ello, desarrollar productos o servicios que atendieran esas necesidades.

Fueron muchos años después que comprendí, con base en experiencias personales, a diferentes lecturas y entrenamientos, que en realidad el marketing capta la atención de las personas a través de apelar a sus deseos más que a sus necesidades. Tú puedes hacer lo mismo.

Todas las personas desean alcanzar algo y suelen invertir tiempo y dinero en resolver aquellas cosas que se presentan como un obstáculo en el logro de aquello de buscan. Lo mismo sucede contigo. Estas dos preguntas demostrarán a que me refiero: ¿cuántas veces has ingresado a Internet para buscar información? ¿Qué te motivó a buscar esa información? De seguro querías resolver o hacer algo. Otra buena pregunta sería ¿en qué cursos o servicios has invertido dinero recíentemente? Es probable esta inversión ha sido para resolver o alcanzar algo.

Es por ello que la **promesa de valor de tu servicio** debe atender a los más grandes deseos de tu público objetivo, deseos en relación a lo que tu servicio es capaz de lograr. Por eso te invito a que profundices sobre los resultados que tu servicio puede ofrecer y también qué tipo de problemas puede resolver. Luego, transforma esa información e intégrala en una frase que explique el principal resultado que las personas o empresas obtendrán con ese servicio.

Lo segundo que te aconsejaré es que con base en esa promesa o resultado final prometido, **identifiques cuáles son las etapas o fases por las que debes llevar a tu cliente**, de modo que puedas asegurar ese resultado.

En este momento lo que yo hago para identificar esas estapas o hitos es lo siguiente:

a. Traslado el resultado principal a indicadores de éxito.
b. Luego, identifico los comportamientos a desarrollar en mis clientes que expresen ese resultado prometido, o en todo caso, que lleven al logro del objetivo en el indicador de éxito.
c. A continuación, identifico qué acciones estratégicas debo tomar y con qué recursos debo contar para poder desarrollar esos comportamientos en mis clientes.
d. Entonces clarifico cuál es el propósito de cada acción y cuál es el mejor resultado que debe entregarme, así como los indicadores a los que debo hacer seguimiento en cada acción identificada.
e. Después, creo un orden o secuencia en la realización de dichas acciones y las programo con base en el tiempo que pueda requerir cada una y a la relación que exista entre ellas (algunas pueden ser pre-requisito de otras).
f. El siguiente paso es identificar qué necesito de mi cliente y de mí para abordar con éxito cada acción estratégica y asegurar el resultado. Esto incluye clarificar qué frecuencia de interacción debe existir, qué tipo de información deberé solicitar, ofrecer y qué tipo de seguimiento puedo realizar.
g. Inmediatamente identifico qué obstáculos o imprevistos pueden aparecer en todo el proceso que nos impida alcanzar el resultado buscado. Este punto es para poder preparar estrategias o planes preventivos e incorporarlos dentro del proceso.

h. Con toda esta información ya puedo identificar todo lo que necesito para poder brindar mi servicio.

i. Finalmente, traslado toda esa información a una propuesta de servicio en la que incluyo los siguientes elementos (te recomiendo colocar solo la información que tu cliente desea conocer para sentir confianza y motivación de trabajar contigo):

   a. Promesa de valor del servicio.
   b. Objetivos, beneficios o resultados específicos para el cliente por acceder a este servicio.
   c. Proceso a seguir para el logro de la promesa de valor.
   d. Detalle de entregables.
   e. Requisitos o requerimientos.
   f. Valor de inversión.
   g. Firma.

Te invito ahora a que tomes una pausa, coloques música que te inspire y empieces a trabajar en cada uno de los pasos que recién presenté. Mi sugerencia es que anotes todo lo que se te ocurre en cada uno. Un recurso que en general me ayuda mucho a crear es el uso de mapas mentales. Puedes crear un mapa mental para cada uno de estos pasos.

Tercero y último, para la creación de tu servicio, es importante que clarifiques muy bien cuáles son los entregables que incluye.

Por experiencia, el cliente logra tangibilizar tu servicio al momento de recibir sus entregables. Además de darle la sensación que está recibiendo algo tangible por su dinero, también suele conectarlos con el resultado esperado, lo cual lo ayuda a confiar más en el proceso y en ti como proveedor.

Los entregables que puedes ofrecer dependen mucho del tipo de servicio que elegiste. En general pueden incluir:

• Informes de avance e informe final
• Resumen de investigaciones
• Elementos multimedia (vídeos, audios, pdfs, imágenes, entre otros)
• Diseños gráficos o físicos

- Texto redactado
- Guías y planes de acción
- Libros
- Check lists
- Seguimiento
- Opciones de contacto contigo: email, whatsapp, llamada, vídeo llamada
- Contacto con otras personas

Otro motivo por el cual es importante que tengas una lista de entregables es que te permitirá ajustar las expectativas de tu cliente, y con ello, ayudarlo a tener muy claro qué es lo que recibirá. El riesgo de no hacerlo es que en el futuro pueden tener conflictos, los cuales en muchos casos serán consecuencia de la interpretación que tu cliente le dio a tu oferta.

Una importante recomendación que puedo darte es que formalizar el servicio a través de un contrato donde especificas qué es lo que tu cliente recibirá. Este documento te servirá para clarificar malos entendidos en el futuro.

Ahora te invito a que le des pausa a la lectura del libro y realices una lluvia de ideas sobre qué entregables podrías ofrecer. Asegúrate de que sean relevantes para tu cliente.

Seguramente, en este momento, te has dado cuenta que el trabajo consciente de cada una de estas partes requiere de un buen tiempo. Pero te aseguro que será la mejor inversión de tiempo que harás, ya que la elección y desarrollo de tu servicio, te permitirá dedicarte a algo que te entusiasme, que exprese tu propósito e incluso te permita obtener un buen ingreso económico por dicha actividad.

A modo de resumen, te presento los pasos que debes seguir para poder crear un gran servicio:

a. Clarifica y reconéctate con tu propósito y potencial.
   a. Clarifica tu propósito
   b. Descubre tu potencial

    c. Enlista un conjunto de actividades que te permitan expresar ese potencial y propósito.

b. Clarifica tu mercado y elige tu actividad.

    a. Reconoce los mejores resultados que cada actividad puede alcanzar.

    b. Precisa los problemas que cada actividad resolverá.

    c. Evalúa cada actividad con base en siete criterios y elige el que tenga más puntaje.

c. Crea tu servicio

    a. Crea la promesa de valor de tu servicio.

    b. Identifica las etapas o hitos por los que debes llevar a tu cliente a fin de cumplir dicha promesa y trasládalos a una propuesta de servicio.

    c. Determina los entregables que incluirá tu servicio.

En este punto del libro ya cuentas con un servicio y una oferta alineada a tu potencial, a tu propósito y a tu mercado. Ahora te enseñaré cómo darle visibilidad y obtener potenciales clientes.

CAPÍTULO 4: PROMUÉVELO

«Eres responsable de comunicar al mundo tu valor».

De nada sirve que tengas un servicio espectacular si nadie lo conoce.

Conozco a muchas personas, que han invertido mucho tiempo y dinero en su educación, principalmente en temas vinculados a su actividad laboral, pero no en temas comerciales que les enseñe a conseguir prospectos o potenciales clientes, a generar interés en su oferta de servicios, a realizar una presentación persuasiva de estos, ni a cerrar una venta.

Mi mayor objetivo con este capítulo es darte la base del entrenamiento que necesitas para poder impulsar las ventas de tu servicio. Lo que compartiré aquí es lo que uso o he usado y me ha funcionado muy bien.

Ahora, ten presente que este no es un libro de ventas o de marketing, por lo que rápidamente centraré tu atención en los aspectos clave de los elementos en los que debes trabajar para promover de forma tu servicio. La idea es marcarte el rumbo para que puedas profundizar por tu cuenta en cada uno de los temas que aquí presento. Existe mucha información disponible en Internet y en libros con los que puedes complementar este capítulo.

Podrás promover tus servicios incluyendo los siguientes elementos en tu estrategia comercial:

1. Marca personal.
2. Página Web
3. Blog
4. Autoresponder
5. Redes Sociales
6. Canal de YouTube
7. Webinarios o conferencias

8. Auto publicación de libros
9. Elementos de comunicación para la venta
10. Tarjeta virtual
11. Networking
12. Reuniones 1 a 1

Veamos cada uno de ellos.

Marca Personal

En el año 2014 tomé la importante decisión de cambiar de actividad laboral e ingresar al mundo de la asesoría en marca personal. Uno de los principales motivos por el cual lo hice fue por que pude experimentar en carne propia la importancia de darse a conocer de una forma estratégica y con ello atraer mejores oportunidades comerciales, económicas y laborales. Para entonces, había pasado ya más de un año en el que buscaba trabajo como dependiente y no lo conseguía. Llegué a la conclusión de que realmente somos nosotros los responsables de generarnos las oportunidades que deseamos alcanzar y uno de los mejores medios para lograrlo es aprendiendo a venderse, de estar visible, y contar con una promesa de valor atractiva en el mercado. Todo esto está dentro de la gestión de la marca personal.

Ahora mismo existe mucha información disponible sobre este tema. En el último año se han multiplicado las personas que ofrecen este tipo de asesoría y esto es muy bueno, porque significa que el mercado, ya se ha dado cuenta de la importancia de contar y trabajar con una buena marca personal. Puedo decirte, con mucho orgullo, que el primer libro que escribí para esta colección trata de hecho sobre la gestión de la marca personal, se llama CONVIÉRTETE EN UNA MARCA DE LUJO, en ese libro comparto cómo fue que usé la gestión de la marca personal para cambiar de actividad con éxito. Te invito a que lo revises.

¿Por qué es tan importante que gestiones tu marca personal? La respuesta es sencilla: para que puedas diferenciarte, para que el mercado sepa que existes y qué esperar de ti. Existen muchas definiciones de marca personal en el medio. La definición que uso y que me gusta más es esta: *"es la percepción que las personas tienen de ti"*. Es según la percepción que las personas tienen de ti que te tratan. Con base en esa percepción confiarán en ti o no, comprarán tus servicios o no, te presentarán a otras personas de valor o no, te darán la promoción o ascenso que buscas en tu trabajo o no.

Es por ello que el principal objetivo en la gestión de tu marca personal debe ser: ajustar la perceción del mercado para que vean en ti lo mejor que tienes para mostrar. Lograrás ajustar esa percepción a través de las diferentes acciones que realices de forma presencial o virtual. Principalmente a través de la información que compartas. Es por ello que la clave de todo esto es que tengas muy claro cuatro cosas:

- Qué promesa de valor tienes (esta es tu marca personal).
- Qué posicionamiento deseas o necesitas para alcanzar tus objetivos.
- Ante qué personas debes estar visible, que puedan referirte con potenciales clientes o que sean potenciales clientes.
- Cómo puedes estar visible ante ellas y "entrenarlas" en entender cómo puedes ayudarlas a resolver sus problemas y alcanzar lo que desean a través de tu actividad.

En una época donde el mundo digital es protagonista y donde existe mucha competencia, la clave de la diferenciación está en que puedas crear una comunidad de seguidores. Esto lo logras aportando mucho valor y lo puedes hacer a través del conocimiento e información que compartas. Es importante que seas muy consistente en los temas sobre los cuales compartes información. En otras palabras, que te centres en los temas vinculados a tu actividad y que ayuden a ganar el posicionamiento que deseas.

Adicional a la información que compartas continuamente, debes contar con diferentes elementos representativos de tu marca personal, en caso de que recién inicies la gestión de tu marca personal, te recomiendo los siguientes:

- Un logo o firma profesional (digital)
- Plantillas con un diseño específico para todos tus elementos de comunicación incluyendo los banners o imagen que usarás en tus redes sociales
- Un set de fotografías profesionales
- Tarjetas personales o virtuales que expresen de forma adecuada tu marca personal

El criterio es sencillo. La idea es que estos elementos ayuden a expresar la promesa de tu marca personal y a distinguirte.

En caso de que desees profundizar sobre este tema, te invito a que busques información en Internet o que directamente revises mi libro **CONVIÉRTETE EN UNA MARCA DE LUJO,** es un libro sencillo y breve donde explico con mayor énfasis sobre estos temas. Puedes ver el vídeo trailer del libro aquí: **https://youtu.be/VoZohFlfgyw**

Página Web

En el tiempo que tengo mi página web, no he logrado atraer muchos clientes hacia mis servicios. Sin embargo, admito que no le he dado un uso óptimo, ya que no he generado tráfico hacia ella desde mis redes sociales.

Lo que sí tengo claro es que si vas a tener una página web es importante que se vea profesional y que respete el diseño y/o colores de tu marca personal y/o empresa que has creado para ofrecer tu servicio.

Un consejo importante es que cuando solicites el diseño de tu página web, pide que lo hagan en WordPress, ya que son de muy fácil administración. Esto te permitirá manejar tu página de forma simple, sin que tengas que recurrir a un experto cada vez que desees hacer un cambio o actualizar alguna información.

Para alguien que ofrece un servicio, la información mínima que te recomiendo incluir es:

- Página inicial (donde se explicite a quién te diriges y cuál es el valor que ofreces)
- Información sobre ti (que resalte tus credenciales, trayectoria y experiencia)
- Información sobre tu servicio (centrado en los beneficios hacia tu cliente y en el principal problema que resuelve)
- Un blog (donde compartas información sobre tu actividad y expertise)
- Contacto

En caso hayas publicado un libro, puedes incluir esta información: un vídeo trailer, la imagen del libro y datos de los lugares donde pueden acceder a tu libro.

También te sugiero que inviertas en una sesión fotográfica profesional, donde puedas estar con ropa distinta. Una página web que tenga muchas imágenes y poco texto es más cómoda de ver.

Dependiendo del tipo de servicio que ofrezcas puede ser de tu interés conseguir contactos para alguna lista de correos que estés utilizando para enviar información (autoresponder). Tu página web puede ayudarte a alimentar esta lista. Puedes colocar un formulario que dé la opción a quienes la visitan de dejar su nombre y correo electrónico para suscribirse a tu boletín, o en todo caso, ofrecer algún tipo de elemento descargable como obsequio para quienes lo hagan.

Finalmente es importante que hagas un seguimiento a las estadísticas de visita y permanencia en tu página web.

Blog

Luego de haber trabajado varios años dando asesoría en gestión de la marca personal, puedo decirte que un poderoso recurso para ganar posicionamiento y crear una comunidad es el uso de los blogs.

Puedes contar con un blog dentro de tu página web. Si bien la tendencia es a que las personas prefieran los vídeos por sobre los textos escritos, aún existimos personas que leemos y disfrutamos de hacerlo.

Contar con un blog tiene varios beneficios. Aquí te presento algunos de ellos:

- Ayuda a tu posicionamiento y a crear una comunidad, ya que te permite publicar continuamente y de forma consistente sobre los temas de tu actividad o campo de expertise.
- Te sirve como medio para interactuar con tu audiencia e identificar cuáles son los temas que pueden tener más demanda.
- En caso de que desees escribir un libro, el blog te ayuda a desarrollar la habilidad de redacción, pero además te da la posibilidad de compartir un tema (posible parte de tu libro) y ver la respuesta de tu audiencia
- Si cuentas ya con un libro es un excelente medio para promoverlo, compartiendo algunas partes de tu libro y luego compartiendo el enlace desde donde lo pueden comprar.
- Es un excelente medio para obtener visibilidad en Google, tanto de tu nombre, como en nombre de tu actividad.
- Te permite combinar vídeos con texto.

Si vas a tener un blog es importante que mantengas constancia y publiques con frecuencia, caso contrario, no podrás acceder a los beneficios que aquí te presento.

Autoresponder

Los autoresponders son un recurso protagónico en toda estrategia digital. Te permite automatizar la gestión de los correos electrónicos.

En palabras sencillas te permite lograr tres cosas:
- Crear una lista de correos
- Crear correos electrónicos con diferentes fines
- Programar el envío de dichos correos a tus listas

Si bien incluyen funcionalidades mucho más complejas, te puedo decir que estas tres son las más importantes para ti.

Con un autoresponder puedes programar campañas orientas a distintos fines:
- Ganar fidelidad con los clientes.
- Lanzar un producto o servicio.
- Promover la venta de productos o servicio

Funcionan 24x7, y si sabes utilizarlos de forma adecuada te pueden permitir mantener una comunidad conectada contigo y tu promesa y también puede ayudarte a lograr ventas.

Es probable que recibas con frecuencia correos electrónicos con publicidad de diferentes empresas, estas empresas usan los autoresponders. Algunas de estas empresas obtuvieron tu correo mediante alguna suscripción, otras simplemente lo compraron.

Existe mucho conocimiento tras el uso adecuado de un autoresponder, si bien puedes aprender a usarlo, mi recomendación es que, de ser posible, contratar a una empresa o persona experta que lo haga por ti, mejor. Es una inversión que puede mostrarte una rentabilidad, si es bien gestionada.

Redes Sociales

Es uno de los principales recursos disponibles gratuitos que existen y pueden ayudarte a posicionar tu marca personal, a obtener prospectos e incluso a vender tus servicios.

Estoy seguro de que ya conoces a las principales redes sociales, e incluso tienes ya cuentas en varias.

En caso de que te encuentres recién iniciando tu servicio lo más probable es que tú mismo gestiones tus redes sociales. Mis sugerencias son estas:

- Entre todas las redes sociales que conoces, identifica cuál es la más importante en relación a tu público objetivo. La idea es que puedas estar presente y visible en la red que tus potenciales clientes visitan más. Una vez que encuentres dicha red social concéntrate en ella. Deja de lado las demás.
- Diseña o manda a diseñar el banner correspondiente (en caso de que la red social que escojas te dé la opción de tener uno), asegúrate de que este banner contenga tu propuesta de valor, tu nombre y una fotografía tuya. Incluso cuando subas la imagen del banner, asegúrate de que el nombre del archivo incluya tu nombre (esto ayuda a que pueda aparecer en Google al escribir tu nombre).
- Utiliza el nombre de tu marca personal y verifica que tu usuario también lo incluya. Por ejemplo, puedes encontrarme en las principales redes sociales con el usuario @MarcelVerand.
- Utiliza una fotografía profesional donde se vea con claridad tu rostro. Incluso te recomiendo que uses ropa alineada a tu marca personal. Recuerda que para quienes no te conocen, esta fotografía creará una primera impresión. Asegúrate que sea la mejor.
- Los expertos sugieren hacer al menos tres publicaciones por semana. Puedes combinar entre diferentes elementos multimedia como son vídeos (idealmente tuyos), fotografías o

imágenes, texto, artículos. Solo asegúrate de mantener consistencia en ellos. En otras palabras, concéntrate en hablar y publicar sobre temas que ayuden al posicionamiento que buscas.

- Una buena práctica consiste en utilizar esta red social para llevar a las personas a tu página web. Por ejemplo, puedes colocar un artículo o parte de un artículo de tu blog y luego colocar un enlace hacia tu web site o blog para que las personas terminen la lectura.

Existe mucha información en Internet sobre cómo gestionar las diferentes redes sociales. Te invito a que busques la información y la lleves a la práctica.

Aprovecho para comentarte que en el capítulo final llamado ENTREVISTA A EXPERTOS, participará Alejandro Bernal Salgado, autor del libro LAS 7 CLAVES PARA UNA EXITOSA ESTRATEGIA DIGITAL, donde explica con mayor hondura cómo utilizar las redes sociales, la página web, los autoresponders y los blogs. Te recomiendo que busques su libro o que veas con atención la entrevista en la que aparece.

En caso de que desees conocer algunos consejos específicos sobre imagen profesional, también encontrarás en ese capítulo una entrevista a una amiga experta en imagen profesional y protocolo llamada Rosario Bashi.

Webinarios o conferencias

Uno de los medios más poderosos y efectivos para ganar posicionamiento y poder promover tus servicios son las conferencias o webinarios.

Si bien no siempre tienes la oportunidad de ofrecer abiertamente tus servicios en ellas, el modo en que presentes la información puede

CONVIÉRTETE EN ASESOR Y MONETIZA TU POTENCIAL | 44

ayudar mucho a que las personas te contacten al finalizar, y te consulten por tus servicios.

He podido comprobarlo, sobre todo en conferencias presenciales. Casi todas las presentaciones y conferencias que he dado han sido 100% educativas, por lo que no he ofrecido un servicio al final de ellas, sin embargo, en muchas ocasiones se han acercado personas y me han consultado por mis servicios; he logrado ventas, sobre todo cuando la audiencia tiene un gran interés y deseos relacionados al tema que ofrezco. Al momento de escribir este libro aún estamos en la cuarentena debido al Covid19, por lo que las conferencias presenciales han sido reemplazadas por los webinarios, y he podido comprombar también es posible vender a través de ellos.

En caso de que te interese convertirte en un conferencista, te invito a que revises mi libro **CONVIÉRTETE EN SPEAKER**, está dentro de la colección Monetiza Tu Potencial.

Ahora, dado que en este libro estoy estimulando el uso y aprovechamiento de las herramientas digitales para promover y brindar tus servicios como asesor o consultor, te dejaré algunas sugerencias que debes tener en cuenta al momento de dar tus webinarios, sobre todo si vas a participar como invitado (ya que, si recién estás iniciando, tal vez aún no tengas una audiencia):

- Lo primero es que conviertas tu servicio en una presentación de 30 minutos, 45 minutos y una hora. Siempre teniendo en mente el objetivo que tienes de aportar valor y de promover tus servicios, así como al tipo de audiencia al que te dirigirás:
  - Identifica la promesa de valor de tu conferencia. ¿Qué impacto puede tener en la vida de tu audiencia? ¿En capacidad de qué estarán una vez que finalice?
  - Identifica la información relacionada a tu servicio que puedes compartir y que asegurará el cumplimiento de la promesa de valor de tu conferencia. Encuentra buenos ejemplos que faciliten la comprensión de cada tema que trates. Esta información representará el

contenido principal de tu presentación (darlo te tomará el 70% del tiempo aproximadamente)

o Crea una introducción que te permita captar interés sobre el tema, y al mismo tiempo, ayude a que tu audiencia se conecte contigo. Algo que puede servirte mucho para lograr esto es compartir alguna experiencia personal o caso donde el contenido de tu presentación haya sido muy relevante. También es muy importante que en esta parte les compartas la promesa de valor de tu presentación Esto puede tomarte el 20% del tiempo.

o Prepara un cierre que te permita reforzar el mensaje central de tu conferencia y al mismo te facilite realizar una "llamada a la acción". Una llamada a la acción puede ser algo como invitarlos a que te sigan en las redes sociales, a que visiten a tu blog o web por más información o a que te envíen un correo electrónico con sus consultas o directamente a que se suscriban en tu blog. Lo ideal sería que pudieras conseguir datos de los participantes para alimentar tu lista.

• Ahora se trata de que encuentres oportunidades para dar tu presentación.

o Siempre teniendo presente quiénes son tu público objetivo, realiza un análisis de la oferta en webinarios que se ofrecen para ellos.

o Si has identificado una empresa o persona que está ofreciendo continuamente webinarios y que incluso tiene invitados, toma contacto con él o ella y propónle tu tema. Para ello puede ser suficiente con que prepares un resumen que indique lo siguiente:

▪ El tema y título de la conferencia -asegúrante de que sea vendedor-

▪ El público al que va dirigido,

▪ Los principales beneficios de este tema para dicha audiencia,

▪ El contenido que incluirá

▪ La duración de tu presentación y

- ▪ Una minibiografía tuya que demuetre tus credenciales y le dé tranquilidad a la persona de que puedes hacerlo bien-.
  - ▪ Si además le puedes enviar algún vídeo donde se te vea hablando en público mejor, esto le demostraría que sabes hacerlo. En caso de que no tengas esos vídeos, una alternativa sería que te filmes unos 2 minutos hablando del tema, en este caso es improntante que demuestres tu buena capacidad de comunicación y conexión con quienes te ven.
  - ○ Respecto al punto anterior, repite este procedimiento con varias personas o empresas, ya que no necesariamente todas te daran el sí.
- Una vez que tengas ya la oportunidad para dar tu webinario, se trata de que realices las coordinaciones logísticas necesarias como: fecha, hora, duración, tipo de audiencia, herramienta a utilizar para realizar tu presentación (muy probablemente sea Zoom). Es importante que en esta coordinación clarifiques bien lo que puedes o no puedes hacer en tu presentación. También puedes consultar si te sería posible contar con los datos de las personas que se inscribieron.
- Una vez que sepas qué servicio de videoconferencia utilizarán, es importante que aprendas a utilizarlo. Esto te permitirá aprovechar al máximo los diferentes recursos con los que cuentes y con ello lograr una mejor experiencia para con tu audiencia.
- Finalmente, el día del webinario te recomiendo tener en cuenta:
  - ○ Reinicia tu laptop unos 10 o 20 minutos antes de tu presentación.
  - ○ Verifica que tu conexión de Internet es estable. Si puedes utilizar un cable para conectar tu laptop será mejor.
  - ○ Asegúrate de no tener interrupciones de personas ni ruidos que vayan a distraer la presentación. Esto implica que apagues tu celular o lo pongas en silencio.

Si tienes WhatsApp en tu Laptop, te sugiero que lo apagues.

o Trata que la cámara de tu laptop esté a la altura de tus ojos o un poco más arriba. Esto hará que se te vea mejor en cámara.

o Verifica tener buena iluminación y, sobre todo, no colocarte en contra de la luz, por ejemplo en contra de una ventana. Esto haría que se vea tu imagen muy oscura y mucha luz alrededor de tu silueta. Es importante que la luz esté frente a ti. Si cuentas con una lampara led colócala frente a ti para mejorar la iluminación.

o Si tienes la posibilidad de utilizar un buen micrófono mejor. El audio es un elemento muy importante en cualquier vídeo. Puedes utilizar un micrófono solapero o Yeti. Puedes utilizar los micrófonos inalámbricos que usas para atender tu celular. De ser posible evita usar el micrófono de tu celular con cable.

o Te sugiero vestir para la ocasión y cuidar tu imagen personal. Es importante que des una buena imagen, por mi parte siempre salgo con saco y camisa. Por supuesto esto dependerá mucho de tipo de contenido y audiencia a la que te dirijas.

o Finamente, te sugiero que mientras das tu videoconferencia mantengas la vista centrada en la cámara de tu webcam o laptop. De esa forma las personas tendrán la sensación que los estarás mirando a los ojos. También te recomiendo sonreir y hablar con mucho entusiasmo y seguridad. No te vendrá mal realizar algunos calentamientos vocales antes de inciar.

Recuerda que lo más importante está en la estrategia que utilizas para presentar tu contenido y también que elijas adecuadamente a tu audiencia. Si la audiencia valora tu contenido y tiene una necesidad en relación a este, muy probablemente se interese en seguirte o tomar contacto contigo para hacerte alguna consulta. Pero, aunque esto no se diera, cada webinario o conferencia que brindes te dará la oportunidad de destacarte en el tema y reforzar el posicionamiento que vas construyendo.

Te cuento que en el capítulo ENTREVISTA A EXPERTOS, conocerás a mi amiga Rosario Bashi, experta en imagen profesional y protocolo. Nos dará algunos consejos sobre cómo proyectar la mejor imagen ante la cámara.

Auto publicación de libros

Llegamos al medio más poderoso que conozco para generar contactos de alto valor, para reforzar el posicionamiento y elevar la demanda de productos o servicios.

Además de darnos la oportunidad de dejar un legado o compartir un mensaje, un libro nos ofrece muchos beneficios. Los he podido comprobar de primera mano, así como mis clientes.

Te recomiendo que consideres muy seriamente en escribir y autopublicar tu libro tanto en versión física como digital en Amazon, una de las empresas más importantes del mundo. Con ello podrás tener tu libro a disposición del mundo entero.

Cada vez son más las personas que están tomando la decisión de trasladar su experiencia a un libro, aún así, el porcentaje de autores respecto a la población mundial es aún muy baja, por lo que convertirte en autor elevará mucho el valor de tu marca personal y también tu ventaja competitiva (respecto a tu competencia).

Existen muchos mitos que impiden a la gente a tomar esta decisión. Estoy aquí para decirte que, sin importar tu edad, experiencia y estudios, tienes suficiente contenido dentro de ti para poder compartirlo en un libro.

Te recomiendo escribir un libro sobre todo si ofreces servicios. Un libro además te ayuda a escalar tu negocio. Basado en tu libro, puedes ofrecer conferencias, cursos digitales, entrenamientos presenciales, certificaciones, asesorías y mucho más.

He escrito un libro para cada uno de los servicios que ofrezco y me ayudan mucho para promover mis servicios. Además del gusto que tengo de poder obsequiar mis libros con una dedicatoria personal a mis clientes.

Existe mucha información disponible en Internet y en libros que te enseñan a escribir y publicar un libro. Una opción que puedes considerar es mi libro **CONVIÉRTETE EN AUTOR**, en este libro entrego toda la información necesaria para que escribas, publiques, promociones y vendas tu primer libro en Amazon. Es un libro que me ha dado muchas satisfacciones.

Algunas preguntas que pueden ayudarte a ir identificando temas o contenido para tu futuro libro:
- ¿Cuáles son los temas sobre los que podrías escribir en este momento?
- ¿Qué casos de éxito has tenido en tu actividad laboral que podrías trasladar a un libro?
- ¿Qué experiencias personales o laborales podrían ser de interés en un libro como para obtener un buen posicionamiento?
- ¿Cómo podrías trasladar el contenido de tu servicio a un libro de modo que pueda ayudarte a ganarte la confianza del mercado y a elevar su demanda?

Si quieres conocer cómo logró escribir mis libros en un promedio de 20 a 30 horas te invito a que mires mi vídeo conferencia llamada: **5 Consejos que me ayudaron a escribir un libro en 4 días aquí**: **https://youtu.be/3QaPtYHdL6Y**

Canal de YouTube

El motivo por el que te recomiendo considerar seriamente tener con un canal de YouTube responde a la gran demanda que tienen en esta época los vídeos, incluso por sobre los artículos. Existen muchos beneficios para ti como asesor o consultor, aquí te dejo los más importantes desde mi experiencia:

- Te permitirá colocar vídeos (pueden ser cortos) donde compartas información que ayudará a tu posicionamiento y también a ganar seguidores. Como siempre mi recomendación es que aportes vídeos con contenido relacionado a tu actividad.
- Te facilitará la obtención de oportunidades para dar conferencias o webinarios. Sobre todo si publicas vídeos donde tú estés hablando frente a la cámara. Este tipo de vídeos le permitirán verificar a empresas y personas que tienes buena capacidad de comunicación.
- Mejorará tu presencia en Google, ya que al colocar tu nombre empezarán también a aparecer estos vídeos. Esto se traduce en más resultados con tu nombre.
- Puedes usarlo como un medio complementario a tu actividad comercial. Por ejemplo yo he grabado vídeo propuestas de mis principales servicios, los tengo ocultos de modo que no están a la vista del público, pero si necesito compartirlos a potenciales clientes simplemente les envío el URL. Tú mismo encontrarás al final de este libro algunos de esos enlaces en el título llamado: SERVICIOS & PRODUCTOS DE MARCEL VERAND.
- Te servirá como un almacén de vídeos, al elegir mantenerlos ocultos o privados.
- Puedes crear vídeos con elevator pitch, tenerlos ocultos y enviarlos a personas clave para generarte reuniones.
- Puedes compartir sus enlaces en diferentes redes sociales y con ello atraer tráfico a este canal. Es especialmente importante en LinkedIn ya que puedes compartir los enlaces en tu perfil y con ello mejorarlo, y, además, generar más interés en él. Por ejemplo, en mi perfil de LinkedIn tengo los vídeo

trailers de mis libros. Puedes verlos aquí: **https://www.linkedin.com/in/marcelverand/**
- Puedes utilizarlo para realizar vídeos en vivo. Por ejemplo yo realizo algunas entrevistas en vivo y las comparto directamente en este canal.

Crear un canal de YouTube es muy sencillo, puedes hacerlo de forma directa desde tu principal cuenta de GMAIL, idealmente aquella que tengas con tu nombre de marca personal. Una vez que tengas tu cuenta, asegúrate de contar con un buen banner. Te recomiendo que tenga el mismo diseño que tengas en tus otras redes sociales ya que tiene que ser representativo de tu marca personal.

En caso desees conocer mi canal de YouTube puedes verlo aquí: **https://www.youtube.com/c/MarcelVerand**

Elementos de comunicación para la venta

Existe una serie de recursos que utilizo para promover la venta de mis servicios, especialmente el de asesoría en escritura y publicación de libros. Te sugiero que consideres también utilizarlos.

A continuación, te presentaré cada uno y te explicaré cómo lo utilizo:

- **Propuesta de servicio en vídeo.** Es smilar a una presentación comercial en vivo, pero con la posibilidad de asegurar su impacto. Puedes filmarte dando la presentación de tu servicio o producto o si prefieres puedes usar un Power Point como yo. Suelo presentar el Power Point que usaría en la presentación en vivo, le agrego mi voz dando la presentación y una música de fondo que eleve la energía. Mis vídeo propuestas pueden durar desde unos 15 minutos hasta unos 22 minutos. Si bien no es corto el tiempo, la preparo de tal forma que se hace interesante escucharla. Este tipo de vídeo requiere que sepas de edición, esto puede ayudarte mucho a lograr más interés en tu servicio, y, por lo tanto, a lograr una venta. Generalmente suelo enviarlo a las personas que han tomado contacto conmigo mostrando interés por mi servicio. Les envío el vídeo con el objetivo que puedan conocer sus bondades, luego genero una reunión donde puedo responder sus consultas y llegar a un acuerdo económico. No suelo enviar este vídeo en frío nunca.

- **Propuesta de servicio en Word.** Luego de que mis potenciales clientes ven el vídeo, respondo sus consultas y le comento del valor de mi servicio, le ofrezco una propuesta formal con todo el detalle. Este detalle te lo presenté en el capítulo donde te enseño a crear tu oferta de servicio. Este es el documento base sobre el cual llegamos a un acuerdo final, entonces se convierte en un contrato de servicio.

- **Elevator Pitch de 30 y 60 segundos**. Un elevator pitch consiste en un discurso de presentación de alto impacto de un producto, un servicio, una idea o de una persona dirigida a un público objetivo con el fin de generar interes y concretar una reunión. Suele tener una duración de 30 a 60 segundos. El desafío es que puedas elegir adecuadamente tus palabras y el orden en el que las presentas para poder captar el interés y diferenciarte. Los lugares donde puedes usarlo es en eventos empresariales, eventos de networking, eventos sociales, casi en cualquier lugar. Este concepto apareció ante la pregunta ¿qué haces si logras encontrarte con un potencial empleador, o potencial inversionista o potencial cliente en la calle y tienes solo 30 o 60 segundos para captar su atención? ¿Qué le dices? Existe mucha información disponible en Internet que puede enseñarte cómo crearlos. A mí me han servido mucho. Entonces, en **resumen, los elevator pitch te permitirán ganar notoriedad y generar interés en tu oferta profesional.**

Tarjeta virtual

Si bien antiguamente se utilizaban las tarjetas personales para presentarte, hoy toman protagonismo las tarjetas digitales. Tienen muchas ventajas, entre ellas:

- Puedes enviarlas por email, whatsapp, telegram, e incluso compartirlas por tus redes sociales.
- Puedes llegar a todo el mundo con ellas.
- Te permiten ampliar la información a través de enlaces que te pueden llevar a un vídeo, una presentación, una página web o archivos multimedia.
- Te puede permitir obtener nombres y correos de potenciales clientes.
- Puedes compartir alguna oferta o un curso digital.
- Puedes actualizar su información cuando desees.
- No tienes que recurrir al uso de papel, por lo que contribuyes con el medio ambiente.

Existen empresas que ofrecen este servicio, podrás encontrarlas en Internet. Puedes ver mi tarjeta virtual aquí: **https://mv.gr8.com/** (se ve mejor en celulares)

Una vez que tengas tu negocio listo para operar, crea tu tarjeta digital y empieza a compartirla.

Networking

Network marketing o networking es un modelo económico basado en el capitalismo solidario que permite desarrollar proyectos de ayuda y cooperación mutua. En otras palabras, el networking se presenta como una evolución bastante interesante del trabajo en equipo, sin embargo, contrario a lo que se piensa, esta red no solo funciona para el beneficio económico, sino que es una gran herramienta de beneficio personal.

Aunque hoy en día se considera la mejor estrategia para crear conexiones a nivel laboral, la naturaleza del networking va más allá del mero campo laboral. Los seres humanos somos animales sociales por naturaleza, desde el colegio, hasta nuestro primer día de universidad o de trabajo, siempre hemos estado haciendo network marketing. El networking se ha convertido entonces en una tendencia capaz de generar resultados increíbles.

Lo maravilloso del networking es que apela a lo genuino de las relaciones humanas, porque nadie se va a interesar en tu negocio, ni en tus talentos, hasta que tú no comiences a interesarte genuinamente por la gente. La finalidad de este recurso es construir relaciones laborales sanas y fructíferas, porque son estos vínculos, esta confianza la que hacen que se concreten los negocios. Nadie contrata o hace negocios con alguien que no conoce. Por tanto, el networking condensa la importancia de relacionarte, establecer lazos de mutua ayuda y darte a conocer como profesional.

Existen diferentes organizaciones que promueven el networking. En mi caso, pertenezco a BNI (Business Network International), la organización de networking más importante del mundo. La experiencia ha sido muy buena, tanto para generar contactos de mucho valor como para generar negocios. Lo mejor es que la filosofía con el que se mueve está totalmente orientada al modo ayuda. Como asesor o consultor, BNI puede representar una buena oportunidad para ti. Si bien tiene un costo anual, he podido recuperar con creces este valor de inversión.

He agregado el networking como uno de los elementos de comunicación para la venta ya que el principal valor que ofrece es la posibilidad de acceder a referencias que pueden traducirse en clientes. En el mundo de la asesoría y consultoría, las referencias son un elemento muy importante para lograr ventas, sobre todo si existen muchos profesionales que ofrecen servicios similares a los tuyos. Solo ten presente que aquí la clave es primero dar, desarrollar relaciones de confianza y eso toma un tiempo. De modo que una vez que ingreses a un grupo de networking no necesariamente tendrás resultados de forma rápida, pero si tienes paciencia y trabajas bien tu red, los resultados que deseas llegarán.

Reuniones 1 a 1

Finalmente nos encontramos con el medio más poderoso de influencia, me refiero a las reuniones presenciales o virtuales con tus potenciales clientes. Estas reuniones pueden ser determinantes en la toma de decisión de comprar tus servicios o no.

Es aquí donde deberás utilizar tus grandes capacidades de comunicación y de venta. También existe mucha información en libros e Internet que te aconsejarán cómo llevar estas reuniones. Lo que a mí me ha servicio mucho es lo siguiente:

- Tener un gran dominio sobre mi servicio. Esto me ha permitido explicarlo con elocuencia, demostrar este conocimiento y responder de forma acertada a las preguntas que pueden hacerme. Tal vez este es uno de los factores más importantes ya que al demostrar ese conocimiento y transmitir esa seguridad puedes generar confianza, darles la seguridad que si trabajan contigo estarán en buenas manos.
- Prepararme con buenas preguntas. Preguntas que me permitan conocer más de sus objetivos, de su negocio, de sus intereses, de sus temores o de sus experiencias previas. Esto es sumamente importante para poder customizar el servicio a esta información, y por tanto, darle aún más valor al cliente; pero también sirve para mostrarte más profesional al interesarte en información importante para ellos.
- Obsequiarles información que les permita tomar la mejor decision. Esto significa que no siempre mi servicio será lo que necesitan y si ese es el caso, se los diré. Este acto de honestidad es muy valorado por ellos, contribuye con tu reputación y te permite mantener una cartera de clientes satisfechos.
- El tema económico es algo que siempre aparece en estas reuniones. Es importante que estés preparado para justificar adecuadamente el valor que has colocado a tus servicios, y el

mejor modo de hacerlo es llevar la atención de tus potenciales clientes a lo que ganarán gracias al servicio. Un valor es alto o bajo dependiendo con que lo comparen. Por ejemplo, el valor por mis servicios de asesoría en publicación de libros no suele ser visto como económico, pero cuando se dan cuenta de cómo esta inversión puede ayudarlos a ganar mucho más, entonces se vuelve económico. Al momento de crear tu servicio, te sugerí que identifiques muy bien cuales eran los beneficios para tu cliente, qué problemas les resolvía; es aquí donde tienes el verdadero valor de tu servicio. Mi sugerencia es que puedas cuantificarlo y luego compararlo con el precio que solicitas como pago.

Mi mayor sugerencia es que nunca mientas, ni exageres la información. Busca ganar confianza, demostrar capacidad y honestidad. Esto impactará en tu reputación, el mayor activo con el que cuentas, además te permitirá atraer buenos clientes y futuras buenas referencias.

Ahora bien, ya sabes cómo promuevo mis servicios, te invito a que explores cuáles puedes usar para promover los tuyos y empieces a hacerlo.

En caso tengas vergüenza por ello, recuerda que al promover tus servicios estás haciéndole un bien al mercado, ya que tu servicio puede ayudar a resolver problemas importantes. Mientras más personas lo conozcan, más personas podrán beneficiarse.

Algo importante por mencionar es que no es indispensable que cuentes con todos estos elementos. Identifica cuáles son los más importante y empieza con ellos. En la medida que vayas haciendo capital podrás ir aumentándolos. Lo importante es que tomes acción.

A modo de resumen te presento los diferentes elementos que te sugiero utilizar para promover tu servicio:

1. **Marca personal.** Crea una promesa de valor, clarifica el posicionamiento que deseas y asegura su comunicación ante las personas adecuadas.
2. **Página Web.** Asegura que sea representativa de tu marca personal y que se vea profesional. También de atraer visitas por medio de tus redes sociales.
3. **Blog.** Úsalo para crear una comunidad y reforzar tu posicionamiento como referente o experto en tu actividad. Puedes tenerlo dentro de tu página web.
4. **Autoresponder.** Úsalo para poder crear una lista y gestionar tu comunicación con ella por medio del correo electrónico. Trabajará para ti 24/7.
5. **Redes Sociales.** Elije la red social donde se encuentre tu público objetivo, crea un perfil muy profesional, representativo de tu marca personal y empieza a realizar publicaciones que aporten valor a tu perfil y refuercen tu posicionamiento. Una buena opción sería LinkedIn.
6. **Canal de YouTube.** Créalo desde tu principal cuenta de Gmail y utilízalo para compartir información de valor, reforzar tu posicionamiento y apoyar tu gestión comercial.
7. **Webinarios o conferencias.** Aprende a generar oportunidades para darlas y también a brindarlas de forma que puedas generar interés en ti y en tus servicios.
8. **Auto publicación de libros.** Representa el medio más rápido para reforzar tu posicionamiento, diferenciarte y generar oportunidades comerciales.
9. **Elementos de comunicación para la venta.** Aquí te presenté los principales recursos que utilizo para comunicar adecuadamente mi servicio. Identifica cuál o cuáles puedes usar tú también.
10. **Tarjeta virtual.** Te ayudará a sobrepasar los límites de tu localidad y llegar a muchas más personas, además te permitirá compartir mucha información valiosa e incluso recibirla.
11. **Networking.** Te ayudará a conectar con personas de valor, y, a través de aportarles valor, también lo recibirás en forma de referencias e información.
12. **Reuniones 1 a 1.** Es el mejor medio para poder lograr ventas. Toma en cuenta los consejos que aquí te brindo.

Muy bien, ya tienes una buena oferta de servicio, ya sabes cómo promoverlo, ahora te enseñaré como digitalizar algunas actividades, a fin de ayudarte a ganar tiempo y también a aprovechar el contexto digital.

CAPÍTULO 5: DIGITALÍZALO

«Haz que las cosas pasen, no dejes que las cosas te pasen».
Stephen Covey

Este capítulo tiene por propósito darte un alcance sobre cuáles son los principales programas en línea que pueden ayudarte a automatizar tu negocio como asesor.

He podido utilizar todos los mencionados aquí con muy buenos resultados.

A continuación, compartiré un resumen de cada uno, centrando el comentario en sus principales beneficios. En el caso de los programas que son bastante conocidos solo dejaré un comentario corto y en algunos casos, te compartiré un enlace donde existe información más detallada sobre estos.

Todos estos programas cuentan con un tutorial, en YouTube o directamente en su página principal. Si bien algunos requieren de una inversión, el costo es mucho menor a contratar un equipo de personas para que se encarguen de realizar estas actividades por ti.

Los programas que aquí te presento te servirán para:

- La gestión de tu negocio y administración de tus actividades
- El diseño gráfico para tus sociales y marketing
- La administración de tus redes sociales
- Contar con un negocio digital
- Coordinar tus citas a través de un asistente virtual
- Realizar reuniones, vídeo conferencias y entrega de tu servicio
- Cobros con tarjeta de crédito

Veámoslos...

Gestión de tu negocio y administración de tus actividades

TRELLO
https://trello.com

Esta aplicación es muy buena para poder administrar proyectos y actividades en general.

Yo uso esta aplicación para hacer seguimiento a cada uno de los proyectos que tengo con mis clientes, pero también estoy empezando a usarlo para escribir mis libros.

La lógica del programa consiste en lo siguiente: puedes crear tableros, cada tablero puede representar un proyecto o gran actividad que quieras gestionar. Luego puedes agregar para cada tablero la cantidad de listas de actividades que desees y dentro de cada lista, sub actividades. De esta forma, en cada tablero tienes la información que necesitas para poder gestionar tu proyecto.

El programa te permite agregar elementos multimedia en las actividades, etiquetas (con colores) para diferenciarlas, fechas de vencimiento, check lists para cada una de tus sub actividades, también puedes compartir tus tableros con un otra persona o incluso un equipo de trabajo.

Existen plantillas ya predefinidas que puedes aprovechar según el tipo de actividad, plantillas sobre:

Negocio	Diseño	Educación
Ingeniería	Marketing	RRHH y operaciones
Asuntos privados	Productividad	Gest. de productos
Gest. de proyectos	Trabajo a distancia	Ventas
Asistencia	Gestión de equipos	

Trello tiene una versión gratuita que te permite crear ilimitados tableros, y cuando se trata de tableros compartidos con un equipo puedes crear máximo 8.

He encontrado muchos vídeo tutoriales en YouTube que enseñan a utilizarlo, es una muy buena herramienta, así que te sugiero que los busques y empieces a aprovecharla.

GEOR APP
https://georapp.pe/

Otro recurso que quiero compartir contigo, sobre todo si estás en Perú, es GEOR APP. Esta plataforma te permite tener la contabilidad de tu negocio <u>en tiempo real</u>, eso es realmente sorprendente y útil, ya que puedes tener acceso a tus estados financieros en cualquier momento y desde cualquier lugar, sólo necesitas acceso a Internet.

Entre las actividades que puedes realizar con esta aplicación se encuentran:

- Facturación electrónica
- Gestión de ventas
- Cuentas por cobrar
- Cuentas por pagar
- Puntos de ventas
- Gestión de compras
- Almacenes
- Además, te permite diseñar tu organización, definir objetivos y medirlos de manera fácil y en tiempo real.

La aplicación está sincronizada con SUNAT (la Superintendencia Nacional de Aduanas y de Administración Tributaria), organismo peruano dedicado a administrar los tributos en el país.

Los principales beneficios de la herramienta son:

- Dirigir la empresa desde cualquier lugar.
- Gestionar equipos de manera ágil
- Medir objetivos empresariales

- Minimizar riesgos en las operaciones económicas porque la plataforma se encarga de hacer todas las validaciones de políticas de control establecidas en tu empresa.
- Firmar documentos desde cualquier lugar
- Controlar a la empresa 24/7
- Se personaliza a tus necesidades e imagen corporativa
- Accedes a la plataforma desde tu propia pagina web

Comparto esta información ya que este año empecé a utilizar esta herramienta y realmente me parece una gran opción para asesores.

Es una herramienta que tiene un costo mensual, pero sin duda es un valor mucho menor que tener personas contratadas para que realicen ese trabajo.

Imagino que deben existir herramientas similares en otros países. En caso de que no vivas en Perú, te invito a que las busques ya que los beneficios son muchos.

Diseño para redes sociales y marketing

CANVA
https://www.canva.com

Es la herramienta virtual que te permitirá realizar muy buenos diseños para tus publicaciones en redes sociales y para tus comunicaciones. Cuenta con una versión gratuita, cuenta con muchas plantillas y muchos recursos que pueden ayudarte en el diseño.

Entre los formatos que puedes trabajar se encuentran:
- Logotipos
- Currículums
- Tarjetas
- Documentos A4
- Infografías
- Posters
- Historias de Instagram

- Posts para Instagram
- Posts para Facebook
- Tarjetas
- Folletos
- Flyers
- Portadas de libros
- Menús de comida
- Newsletters

Últimamente estoy usando este programa para crear mis imágenes. Es super sencillo de utilizar. Te lo recomiendo mucho.

A continuación, te muestro algunas imágenes que he creado para mis publicaciones:

Confieso que no suelo utilizar las plantillas pre existentes ya que me gustan las cosas sencillas. Tienes muchas para elegir.

Administración de redes sociales

POSTCRON
https://postcron.com

En caso tengas muchos perfiles activos en redes sociales puedes utilizar esta herramienta para programar tus publicaciones. Una vez que las programas, puedes tener la seguridad que, el día y la hora que seleccionaste para cada contenido, tu publicación estará en el aire.

Una de las principales ventajas de este programa es que te ahorrará mucho tiempo. A lo único que deberás dedicarle tiempo es a preparar tus contenidos y luego a programarlos.

Te confieso que he usado este programa de forma muy superficial, ya que tiene muchas utilidades que ni he revisado.

En caso de que tengas interés en conocer más sobre esta herramienta te sugiero que busques tutoriales en Internet, existen muchos.

Negocio Digital

Hotmart
https://www.hotmart.com/es

Es tal vez la principal plataforma de aprendizaje a distancia en Latinoamérica. Te permite agregar contenido y ofrecerlo para la venta.

Una de las principales ventajas es que no te cobran una membresía mensual, solo te cobran una comisión por las ventas. Esto significa que esta plataforma te permite cobrar por los cursos que vendes.

Hotmart también ofrece la opción de convertirse en afiliado y ganar por promover alguno de los cursos que se encuentran dentro de la plataforma.

Existe un artículo muy completo de la empresa que describe en qué consiste. Puedes leerlo aquí:
https://atendimento.hotmart.com.br/hc/es-es/articles/115006507308--Qué-es-y-cómo-funciona-Hotmart-

Thinkific
https://www.thinkific.com

Esta es la plataforma desde donde ofrezco mis cursos digitales, tengo al menos dos años trabajando con ella. Es una plataforma muy completa, al igual que Hotmart te permite ofrecer cursos digitales y cobrar por ellos. Cuentan con muchos recursos. Si bien ofrece una versión gratuita, ésta solo te permite tener hasta tres cursos en línea.

Es muy sencilla de utilizar, te permite subir todos tus vídeos, audios y pdfs directamente en sus servidores.

Puedes leer un artículo con más detalles sobre esta plataforma aquí:
https://ecommerce-platforms.com/es/ecommerce-reviews/thinkific-review

Capacitoria
https://capacitoria.com

Un portal al que puedes acceder vía Internet y que brinda herramientas originalmente creadas para las organizaciones, pero puede ser utilizada también por asesores o consultores. Esta plataforma permite subir material para la capacitación como vídeos, pdfs, ppts, textos, imágenes, audios, entre otros.

La plataforma permite registrar a las personas que participarán de sus capacitaciones, tomarles exámenes, evaluar su avance por medio de reportes desde el panel de control administrativo de Capacitoria.

Esta plataforma tiene valores de inversión bastante accesibles, por ejemplo, el costo anual por uso de la plataforma es menos de USD 200, más un valor equivalente a un dólar por mes por cada participante.

Asistente para Citas

YOUCANBOOK.ME
https://youcanbook.me

Este programa se encargará de generar tus reuniones, sean virtuales o presenciales. En otras palabras, te permitirá generar diferentes calendarios, totalmente ajustados a la disponibilidad que tú tengas y dará la opción, a las personas que desean contactarse contigo, a elegir el día y la hora en la cual proponer una reunión.

Al momento que escribo este libro tengo dos calendarios que uso mucho. Uno para la venta y entrega de mis servicios profesionales y otro para mis reuniones en BNI.

Entre los beneficios que encuentro de utilizarlo están:

- Te ayuda a generar un impacto positivo y muy profesional ante tus interlocutores.
- Te permite ahorrar un importante tiempo, ya que este programa es el que se encarga de recibir las solicitudes de reunión. Ya no es necesario que lo hagas directamente tú.
- Te da el control de tu tiempo, ya que eres tú quien determina qué días y horas son las que podrán visualizar las personas que desean contactarse contigo.
- Cuenta con una versión gratuita y puedes usarla el tiempo que desees.
- Si utilizas la versión paga, que al momento de escribir este libro es de USD 10, puedes agregar formularios con varias preguntas para quienes soliciten una reunión contigo.
- Lo puedes usar para coordinar reuniones comerciales y también para la entrega de tu servicio.

- Te permite vincular tu cuenta con STRIPE, por lo tanto, realizar cobros para la coordinación de reuniones. Esto es especialmente útil si sueles cobrar por sesión de trabajo.
- Tiene un sistema de soporte bueno, responden en máximo 24 horas las consultas que tengas.

Tiene más beneficios, pero estos son los que utilizo de forma directa.

El contra que tiene el programa es que está en inglés, y si no manejas ese idioma puedes demorarte un poco más en aprender a usarlo.

Es un programa muy bueno, te lo recomiendo mucho.

Reuniones, Videoconferencias y entrega del Servicio

Existen muchas alternativas para que puedas tener tus reuniones virtuales. La opción que sigo usando es **Skype (https://www.skype.com/es/)** es un programa sencillo, pero cumple muy bien con el propósito. La versión gratuita te permite tener hasta 24 personas conectadas en simultáneo, compartir pantalla, archivos, chat, entre otras opciones.

La opción más conocida en este momento es **Zoom (https://zoom.us)**, la versión gratuita te permite tener reuniones ilimitadas uno a uno y reuniones grupales de hasta 100 personas por 40 minutos. La posibilidad de programar las reuniones por anticipado es muy práctica. Funciona muy bien tanto desde una laptop como de otro dispositivo como una tablet o smartphone. Este programa es muy bueno para la realización de tus videoconferencias o entrenamientos virtuales.

Una opción que estoy utilizando seguido también es **Meet de Google (https://meet.google.com)** Esta plataforma te permite programar reuniones con hasta 100 participantes por vez. Entre las tres opciones, ésta sería la mejor ya que no te impone un límite de tiempo, además de contar con otras características similares a Zoom.

Cobros con Tarjeta de Crédito

En caso de que ofrezcas servicios dentro de tu país puedes utilizar con tranquilidad transferencias interbancarias. Si bien también puedes solicitar esta opción a clientes de otros países, suele ser un trámite un poco complejo.

La alternativa que te propongo es usar dos de las opciones más sencillas que existen.

Paypal:
https://www.paypal.com

Este servicio te permite realizar cobros y envíos de dinero. También te permite retirar el dinero en la cuenta de alguno de los bancos en tu país. Para solicitar un pago es suficiente con que indiques a tu cliente el email con el que estás registrado. Tu cliente puede hacerte el pago directamente desde su cuenta mediante una tarjeta de crédito o luego de agregar un saldo en la suya.

Payoneer:
https://www.payoneer.com/es/

Esta plataforma te permite crear cuentas en América, Europa y Japón. Está vinculada a una tarjeta mastercard.

Te permite solicitar pagos, los cuales deberán ser realizados con tarjeta de crédito, luego puedes retirarlos en la cuenta del banco local que hayas seleccionado al momento de crear tu cuenta.

Esta es una de las opciones que utilizo para cobrar a clientes que se encuentran fuera de mi país, también la utilizo para recibir las regalías de las ventas de mis libros en Amazon. Te recomiendo mucho que explores esta opción.

Durante el tiempo de cuarentena vivido en el 2020, quedé varado en Bogotá por siete meses, lo positivo es que dadas las características de mi trabajo pude seguir atendiendo clientes. Fue muy sencillo pedirles que empiecen a realizarme los pagos directamente a mi cuenta en Payoneer; de ese modo pude pagar mis gastos directamente con la tarjeta mastercard y con ello evitar endeudar mi tarjeta de crédito.

Ya conoces los programas en los que me apoyo para mi negocio de asesoría. De seguro existen muchos más, mi sugerencia es que identifiques qué programa es prioritario para ti, busques un buen tutorial en YouTube y empieces a probarlo.

En resumen, los diferentes programas que te he recomendado pueden servirte para:

- La gestión de tu negocio y administración de tus actividades
- El diseño gráfico para tus sociales y marketing
- La administración de tus redes sociales
- Contar con un negocio digital
- Coordinar tus citas a través de un asistente virtual
- Realizar reuniones, vídeo conferencias y entrega de tu servicio
- Cobros con tarjeta de crédito

Llegó el momento de brindar tu servicio, en el siguiente capítulo te enseñaré qué acciones puedes tomar para lograr una muy buena experiencia en tu cliente y también obtener testimonios que te ayuden a obtener más clientes.

CAPÍTULO 6: BRÍNDALO

«Estamos aquí en el mundo para hacer el bien a otros. Para qué están aquí los otros, no lo sé».
W. H. Auden

Una vez que hayas logrado tu primera venta, tu responsabilidad será ofrecer el mejor servicio a fin de lograr que tu cliente se sienta más que satisfecho, pero también es importante que aproveches esta fase para poder obtener testimonios o recomendaciones que te ayuden a conseguir más ventas.

Confieso que el orden es una característica que no tengo, de hecho, naturalmente tiendo a ser un poco despistado, sin embargo, en cada servicio que vendo hago un importante esfuerzo por hacer un seguimiento que me permita asegurar el resultado que ofrezco.

A fin de ayudarme en todo el proceso he identificado en detalle las principales acciones que tanto mi cliente como yo debemos realizar, también en qué momento debemos realizarlas. Esta lista facilita mucho el seguimento.

Comparto esto contigo, ya que el orden y la estructura al momento de brindar tus servicios es algo que tus clientes valorarán mucho. Te ayudará a mostrar profesionalismo, también a demostrar que conoces tu trabajo y, sobre todo, que tienes una estrategia que asegurará el resultado ofrecido.

Dentro de la estructura de trabajo, comparto contigo cómo abordo los momentos que considero críticos para el éxito del proyecto de servicio:

- Comunicación inicial con el cliente
- Preparación para la primera sesión
- Primera sesión de trabajo
- Sesiones de trabajo y seguimiento

- Cierre del servicio y obtención de testimonios

Veamos cada uno de estos momentos en detalle:

Comunicación inicial con el cliente

El mejor modo de iniciar un servicio se da a través de la comunicación. Me refiero a que puedas darle información a tu cliente, con anticipación, sobre cómo será el proceso y cómo podrá aprovecharlo.

Ten presente que, al momento de adquirir tus servicios, tu cliente estará con muchas expectativas, es por ello tan importante darle información que le permita bajar la ansiedad (en caso la tuviera) y sobre todo, darle seguridad y conocimiento sobre los pasos que seguirá.

El nivel de detalle que puedes brindarle dependerá mucho de cómo es tu cliente. Existen clientes que son muy ordenados, valoran mucho el seguimiento y se sienten muy cómodos teniendo toda la información con mucha anticipación para ir trabajándola. Otros, son un poco menos estructurados, no valoran tanto el seguimiento y no tienen tanta necesidad de información. Sin embargo, ambos estarán atentos de los resultados.

Mi sugerencia es que una vez contratado el servicio le envíes un correo electrónico, combinado con una serie de vídeos cortos, con la siguiente información:

- **El lugar, horario y modo en el que se brindará la asesoría.** Puede ser un lugar físico como tu oficina, la oficina de tu cliente, alguna sala que alquiles para dicho propósito. Si este fuera el caso sería bueno que brindes la siguiente información específica:
  - Dirección de la reunión, tal vez un incluso compartirle la dirección o ubicación vía tu celular.

o Facilidades para estacionamiento, de modo que sepa si puede ir en automóvil o no.
o Equipos que estarán disponibles para el trabajo como pizarra, Internet u otro.
o Equipos que tu cliente pueda llevar como su laptop, una grabadora y alguna información puntual.

Puede ser de forma virtual y utilizar un servicio de vídeo conferencia como Zoom o Skype. En este caso el tipo de información que sería de utilidad es:
o El nombre del servicio de vídeo conferencia que utilizarán.
o Información sobre cómo descargarlo, instalarlo y prepararlo de modo que, al momento de iniciar la sesión de trabajo, no tengan problemas en su uso.
o Información básica sobre cómo usarlo.

Respecto a la frecuencia y horarios de trabajo, dependiendo del tipo de servicio que ofrezcas puede ser importante que definas la frecuencia en la que tendrán sus reuniones, su horario y duración. Una alternativa es que puedas compartir tu calendario virtual para que tu cliente sea quien elija los días y horas que le sean más cómodos. La ventaja es que, al usar tu calendario virtual, podrás seleccionar la disponibilidad que prefieras y de esa manera tener un mayor control sobre tu tiempo.

• **Cómo debe prepararse tu cliente para la sesión y qué información debe enviar por anticipado.**
Dependiendo del tipo de servicio que vayas a ofrecer es posible que requieras que tu cliente trabaje algunas preguntas por anticipado de modo que les permita aprovechar el tiempo una vez que se reúnan. Pero también puedes requerir que te envíe información antes de la reunión para que puedas realizar un trabajo previo, como un diagnóstico, y de ese modo, puedas abordar de mejor forma la sesión. La sugerencia puntual es que identifiques muy bien qué información necesitas tener por anticipado y qué información puede ir trabajando tu cliente antes de la

reunión; esto puede incluir, en caso seas coach, que responda a tests de personalidad u otros.

Tal como te indiqué, puedes enviar esta información vía email y en el email colocar enlaces a algunos vídeos, con tutoriales o directamente contigo ofreciendo la información.

Recuerda que la importancia en realizar esta tarea radica en la tranquilidad que le darás a tu cliente, además en demostrar que eres un profesional.

Preparación para la primera sesión

Así como tu cliente puede prepararse para esta primera sesión, también es importante que tú lo hagas, de esa forma no solo darás la mejor impresión, sino también podrás elevar su efectividad.

Esta preparación puede incluir actividades como:
- Revisar el contrato que has firmado con tu cliente para tener muy claros los entregables, tiempos y resultado prometido.
- Revisar información sobre tu cliente. Sea de fuentes como su página web, su perfil de LinkedIn o presencia en redes sociales, información que exista sobre tu cliente en Internet o en medios de comunicación masivos. Otra fuente sería información que te haya enviado directamente en relación al tema que tratarán.
- Clarificar los objetivos de la sesión de trabajo.
- Determinar cuál será su estructura en función del tiempo disponible.
- Finalmente, determina cómo finalizarás la sesión y qué tipo de acuerdos deberán llegar.

Un recurso que me ayuda mucho a generar ideas y luego organizarlas es el uso de los mapas mentales. Los mapas mentales son diagramas que permiten representar palabras, ideas, tareas, lecturas, dibujos, u otros conceptos ligados y dispuestos a través de una palabra clave o de una idea central. Si no los conoces, te sugiero que busques sobre ellos en Internet, existe mucha información, además de muchos programas y aplicaciones que puedes descargar en tu smartphone y demas dispositivos. Fueron popularizados por Tony Buzan en el año 1974.

Al igual que en cualquier actividad, dedicarle suficiente tiempo a la preparación elevará tus probabilidades de tener éxito, de modo que no escatimes tiempo en prepararte para trabajar con cada cliente.

Primera sesión de trabajo

La primera sesión de trabajo tiene un rol muy importante en la formación de la percepción que tu cliente tendrá sobre ti y tu trabajo. Si bien, ya fuiste moldeando esta percepción a través de tu primera comunicación, es en esta sesión donde se consolida.

Causar la mejor impresión es muy importante, ya que te permitirá obtener su mejor disposición durante el proceso y, por tanto, su colaboración en lo que le solicites o requieras de él o ella. Esto se traduce en que podrás ganar autoridad e influencia ante tu cliente.

Hablando de buena impresión, te sugiero que el día de tu reunión utilices ropa adecuada, y, en caso tengas la sesión de forma virtual, ten en cuenta todos los consejos que te di en el capítulo PROMUÉVELO.

En general, te recomiendo trabajar tu primera sesión siguiendo esta estructura:

- Dale la bienvenida y menciona el resultado buscado.
- Preséntale el plan de trabajo que seguirán para alcanzar el resultado buscado. Esto permitirá que tenga una mirada panorámica de todo el proceso.
- Brinda un espacio para que pueda hacerte preguntas o darte sus comentarios.
- Preséntale los objetivos para la sesión y los temas que trabajarán en esa sesión.

- Inicia el trabajo de cada uno de los temas, siempre dando espacio para responder las consultas que pueda tener tu cliente en cada momento.
- Llega a acuerdos con el cliente, esto puede implicar el tipo de seguimiento que le ofrecerás y las "tareas" que él o tú realizarán antes de su siguiente sesión de trabajo.
- Confirma la fecha, hora y modo de reunión con tu cliente.
- Consúltale si tiene alguna pregunta final que realizarte y si te parece adecuado, también pídele que te comente qué le pareció la sesión, qué le aportó.
- Despídete y envíale por email los acuerdos.

Toma esta estructura solo como referencia. La estructura se deberá ajustar al tipo de servicio que ofreces. Lo importante es que entiendas la estrategia tras la estructura que te presento. Si te fijas iniciamos mirando el bosque y luego pasamos a ver en detalle los árboles. Esto siempre me ha ayudado a darle sentido a mis preguntas, solicitudes o actividades que realizo con mis clientes. Ellos saben que todas responden al propósito principal del servicio de asesoría. También es positivo que resumas los acuerdos, este cierre es crucial ya que te permite verificar que han avanzado bien.

Sesiones de trabajo y seguimiento

En la asesoría que ofrezco para la escritura y publicación de libros, mi primera sesión es la que nos permite identificar la estrategia a seguir para todo el proyecto, de modo que mis siguientes sesiones suelen ser más sencillas y en muchos casos, solo de seguimiento.

Pero la asesoría en la formación de conferencistas sí suele requerir trabajar mucho en las sesiones intermedias.

La sugerencia que puedo darte en este punto es que siempre tengas una estructura que seguir, puede ser muy similar o igual a la que te propuse en el punto anterior. Lo más importante es que a lo largo del proceso mantengas contacto y una buena interacción tu cliente, ya que esto determinará que la experiencia y recuerdo que tenga de tu trabajo sea el mejor. Por supuesto, siempre debes orientar cada acción al logro de los resultados esperados.

Cierre del servicio y obtención de testimonios

El cierre del servicio y del proceso es importante, ya que además de darte la oportunidad de cerrar con broche de oro el trabajo que has realizado, tienes la gran posibilidad de pedir a tus clientes un testimonio y/o referencias.

Por supuesto, solo podrás hacer esto si pudiste cumplir con los resultados esperados y todo el proceso fue bueno para tus clientes.

El cierre

Mi sugerencia es que trates de cerrar el servicio con una sesión donde realicen un balance de todo lo trabajado y lo aprendido, esto lo aprendí de una amiga y clienta llamada Dinette Rivera. Es importante también que puedas entregar o verificar que tu cliente recibió todos los entregables que le prometiste.

Si la experiencia fue buena y tu cliente quedó satisfecho con la experiencia de trabajar contigo, te lo comentará de forma abierta. Ese es el momento para pedirle un testimonio y/o referencia.

Es muy importante que aproveches ese momento de alegría para solicitar el testimonio, ya que con el tiempo esa energía se perderá.

Testimonios

He comprobado de primera mano la gran influencia que tienen en generar confianza en personas que no te conocen y pueden ser potenciales clientes. Sobre todo, si el testimonio lo ofrece una persona que tiene una buena trayectoria y reputación. Tiene mucho sentido, generalmente alguien que ofrece un servicio puede preparar un texto comercial que resalte los beneficios de trabajar con él o ella, pero estos beneficios pueden cuestionados con facilidad si esa persona aún no tiene una reputación importante en el mercado. Que otras personas respalden esos beneficios no tiene comparación, por supuesto que aquí lo más transcendental es que puedas tener muchos testimonios positivos.

Mi sugerencia para los testimonios es que sean escritos o en vídeo. Personalmente prefiero los vídeos, ya que puedo reenviarlos o incluirlos en mi vídeo propuesta.

Los testimonios pueden durar entre uno o dos minutos. Es importante que seas específico con el tipo de información que quisieras que tu cliente ofrezca en su testimonio, que esta información es la que puede permitir a otras personas conectarse con el interés de contratar tus servicios. Por supuesto es importante que nunca solicites que mientan, es importante que el contenido del testimonio sea 100% verdad. Un buen contenido de testimonio puede incluir cuál es el resultado que obtuvo con tu servicio, también cómo fue el proceso y qué atributos son los que más rescata de ti, incluyendo tus competencias. Es importante que los testimonios resalten tus cualidades como persona, pero también tu capacidad como profesional.

Puedes pedirles que se filmen con su smartphone, suelen tener muy buenas cámaras. También puedes enviarles testimonios de otros clientes para que los tomen como referencia.

Aquí te dejo algunos testimonios que he recibido:
Testimonio **Martha Fernández G.:**
https://www.youtube.com/watch?v=3vXdteev608
Testimonio **Camilo Rodríguez:**
https://www.youtube.com/watch?v=rLde_yNXcgA
Testimonio **Javier Benítez:**
https://www.youtube.com/watch?v=gnfFfdGJExI&t=21s

Como puedes ver a estos testimonios le puse una música de fondo y un trabajo de edición. Esto no es necesario, pero si te fuera posible podría mejorar aún más su impacto.

Si adicional a estos vídeos logras que te escriban un testimonio en tu perfil de LinkedIn, entonces también potenciarás tu imagen en esa red profesional.

Referencias

También es importante tratar de solicitarlas mientras tu cliente mantiene el buen ánimo contigo. La forma en la que te recomiendo hacerlo la aprendí en un entrenamiento con Ed Rush.

Ed sugiere que la mejor manera de pedirlas suele incluir estas palabras:

"*Dime Carlos* (tu cliente) *¿qué te parece si hacemos una lluvia de ideas y encontramos dos o tres personas que conozcas y que puedan beneficiarse de la actividad que realizo?*". Si te fijas, esto suena mucho mejor que: "*¿tienes contactos o referencias que puedas darme?*" El principal provecho de proponerlo de la primera forma está en que centra la atención en el beneficio que puede compartir con sus contactos. En lugar de sentir que los puede incomodar, les estará dando una oportunidad o posibilidad de resolver sus problemas.

Otra forma de solicitarlo puede ser directamente así: "*¿Conoces a alguien que pueda beneficiarse de lo que hago?*".

Una vez que identifiques a la persona, puedes pedirle que le envíe un correo electrónico con copia a ti, ya que desde esa presentación tú podrías tomar contacto directamente.

Pruébalo, es muy posible que te sorprendas positivamente.

Lo que sí es seguro es que, si realizaste un buen trabajo, tu cliente, aunque no se lo pidas, te recomendará y lo hará con mucho gusto. Más del 50% de mis clientes han sido recomendaciones obtenidas directamente de mis clientes, sin que yo lo solicite.

Recuerda, considera seriamente aplicar los consejos que te he dado en cada una de las partes de este capítulo y lograrás promover una muy buena percepción de tus clientes hacia tu servicio, de modo que al final puedas cumplir con la promesa de tu servicio y con ello sea más sencillo solicitar testimonios y referencias.

En resumen, estos son los etapas que considero críticas al momento de brindar tu servicio:

- **Comunicación inicial con el cliente.** Tiene por propósito ir creando la mejor impresión, dar y solicitar información que le permita aprovechar al máximo las sesiones (especialmente la primera) y el proceso en general.
- **Preparación para la primera sesión.** Te permitirá definir la estructura a seguir en la reunión, pero también analizar previamente información que ayude al proceso y a tu cliente.
- **Primera sesión de trabajo.** Tiene el propósito de consolidar la mejor impresión, darle un encuadre al cliente de modo que gane confianza en el proceso y en ti.
- **Sesiones de trabajo y seguimiento.** El propósito es lograr el resultado prometido.
- **Cierre del servicio y obtención de testimonios.** El propósito es asegurar la satisfacción de tu cliente y obtener testimonios con información que ayude a otras personas a confiar en ti y, por tanto, se interesen en adquirir tus servicios.

Como bien indiqué a lo largo del capítulo, debes ajustar estas sugerencias al tipo de servicio que ofrecerás. Ten siempre presente la estrategia tras cada actividad para que puedas aplicarlas de forma adecuada según tu tipo de cliente y de servicio.

A esta altura del libro ya has pasado por todas las fases de creación, promoción, digitalización y entrega del servicio. En el siguiente capítulo te comentaré sobre cómo escalar tu negocio a través de otras actividades que pueden ayudarte a generar ingresos interesantes.

CAPÍTULO 7: MONETÍZALO

«Un emprendedor ve oportunidades allá donde otros solo ven problemas».
Michael Gerber

Ofrecer servicios desarrolla una serie de habilidades que puedes aprovechar muy bien en otras actividades con las que puedes escalar tu negocio y con ello, generar buenos ingresos económicos.

En este capítulo, te presentaré las actividades que considero son las mejores para poder escalar tu negocio y expandir tus oportunidades comerciales.

Las actividades a las que me refieron son:

- Escritura y venta de libros
- Cursos digitales y entrenamientos virtuales
- Entrenamientos presenciales
- Certificaciones
- Franquicias
- Conferencias
- Grupo de mentes maestras o masterminds
- Eventos

Veamos cada una de ellas.

Escritura y venta de libros

En el capítulo PROMUÉVELO te he comentado cómo un libro puede ayudarte a ganar posicionamiento y además elevar la demanda de tus servicios.

Pero la venta de libros también te puede permitir generar ingresos. Puedes obtener ganancias por las ventas que se den de forma orgánica en Amazon, pero también las puedes impulsar en tus conferencias o eventos en los que participes. Si logras dictar alguna conferencia sobre el tema de tu libro, puedes llevar copias físicas y ponerlas a disposición, un porcentaje de los asistentes se interesarán en comprarlos. En caso de que des una conferencia virtual, también puedes compartir el enlace para la compra de la versión digital de tus libros, y con ello, promover su venta en Amazon.

Si bien el ingreso que puedas recibir por la venta de tu libro no necesariamente será tan alto como el de la venta de una asesoría, será un ingreso. Además, las ventas de tus libros también ayudará a tu posicionamiento.

Algunas escuelas de postgrado compran los libros para sus estudiantes, en caso de que obtengas el dictado de alguna de estas clases en el tema de tu libro, es muy probable que la universidad compre copias de tu libro para toda el aula. Pude experimentar esto cuando dictaba el curso de Marca Personal y Networking en el Corporate MBA en Pacífico Business School.

En caso de que te interese saber cómo escribir, publicar, promocionar, vender y monetizar un libro, te invito a que revises el vídeo trailer de mi libro CONVIÉRTETE EN AUTOR aquí: **https://youtu.be/2oW_yzK7SPI**

Así que ya sabes, si en su momento decidiste escribir un libro para promover sus servicios, también puede representar una fuente de ingresos para ti.

Cursos digitales y entrenamientos virtuales

Los cursos digitales han ganado mucho poder, si bien existen hace muchos años, su consumo en Latinoamérica no era tan elevado como en USA y Europa, ya que muchas personas no se sentían cómodas usando su tarjeta de crédito o débito para compras en Internet.

Debido a la pandemia el uso de las tarjetas de crédito y la compra por Internet ha crecido mucho. De modo que en este momento tienes una gran oportunidad para empaquetar tu experiencia y conocimiento en un curso digital.

Tienes la opción de pre-grabar las clases y colocarlas en una plataforma de e-learning y dar acceso a quienes te compren el curso. Es importante que puedas ofrecer suficiente información como para que las personas inscritas puedan llevar de forma autónoma su aprendizaje. Esto no significa que no puedas crear una comunidad para que los alumnos puedan interactuar, dejar preguntas, respuestas entre otras dinámicas. Algunas plataformas que puedes considerar para esto son: Hotmart, Thinkific, Teachable, Udemy, Capacitoria (de mi amigo Omar Cisneros), entre otras. La mayoría de estas plataformas cuentan con el soporte para promover y cobrar por tus cursos, este dinero normalmente va a una cuenta de PayPal, el cual puedes retirar en un banco de tu país.

Otra opción que tienes es ofrecer las clases en vivo y de forma virtual. Esto implicaría que las clases tendrían una fecha de inicio y de finalización. En este caso, tendrías que realizar el cobro directamente tú, también por medio de pagos en tu cuenta bancaria (para personas locales) o mediante uso de tarjeta de crédito o Paypal.

Es determinante que realices una buena campaña de promoción para este tipo de cursos, actualmente ya existe mucha oferta. En este sentido, es trascendental que tengas una buena marca personal para que los posibles alumnos tengan la confianza suficiente de invertir en tus clases.

No se requiere mucho equipo para poder crear y grabar un curso, pero sí se necesita conocimientos sobre diseño instruccional. El diseño instruccional te ayuda a identificar objetivos de aprendizaje, y luego, a preparar contenidos formativos que logren dicho objetivo. Por supuesto, también tienes que trabajar en tus habilidades de comunicación para que puedas captar el interés de tus alumnos y promuevas el aprendizaje.

En caso de que hayas seguido mi consejo y hayas trasladado tu oferta de servicio a un libro, puedes crear un curso digital que profundice la información que ya tienes en tu libro. Tómalo como una posibilidad para generar más fuentes de ingresos.

Entrenamientos presenciales

Otra buena alternativa es que puedas ofrecer capacitaciones y entrenamiento de forma presencial, sea como catedrático en una universidad, en una escuela de postgrado, en un instituto o alguna empresa que ofrezca formación empresarial. Si bien, el ingreso que se obtiene por esta actividad no es muy elevado, suele ayudar a tu posicionamiento como experto.

Sin embargo, siempre está la opción de organizar talleres de entrenamiento de forma independiente. Solo tienes que alquilar una sala de entrenamiento, bebidas y algunos alimentos (dependiendo de la duración de tus clases) y contar con un buen curso. Esta actividad suele ser mucho más rentable que recibir un salario por dictar tu curso bajo la marca de otras empresas o instituciones educativas, pero no es tan sencillo de vender; depende mucho de tu marca personal, al igual que para los cursos digitales, solo si tienes una marca personal reconocida, te será más sencillo obtener la confianza de las personas, y, por tanto, conseguir que quieran invertir en tu curso o taller.

En este sentido, es muy recomendable que las acciones que realices de promoción como la publicación de artículos o vídeos o entrevistas en tu canal de YouTube, sean continuas, consistentes y te ayuden a demostrar tu conocimiento y capacidad para lograr comunicar efectivamente esta información. Puede ayudar que inviertas en una campaña de comunicación y promoción. Como todo, el valor de inversión para vender este tipo de entrenamiento, tanto en tiempo como en dinero, valdrá la pena al momento de obtener una rentabilidad.

Algo significativo al momento de realizar este tipo de actividades es que puedas compartir la experiencia en las redes sociales, que te vean dar ese tipo de clases, demuestra que puedes hacerlo, y si además logras tener una buena cantidad de participantes, eso ayuda a ganar confianza en otros posibles interesados en participar.

Certificaciones

Aquí tienes una gran oportunidad. Sobre todo, si para poder realizar tu servicio creaste un sistema o método que tenga alta influencia en el resultado buscado.

La oportunidad está en que puedes compartir este sistema y entrenar a otros consultores o asesores como tú, certificarlos, de modo que puedan ofrecer un servicio similar al tuyo y generar ingresos a través de esto.

Posiblemente pienses que no es bueno compartir tu método y que no es bueno tener competencia. Pero es todo lo contrario. Que otros profesionales usen tu método lo valida aún más, además sirve para tu posicionamiento. Siempre habrá personas que quieran trabajar el método con el original o creador.

Mi sugerencia está enfocada en que puedas vender estas certificaciones a un valor más alto de lo que vendes un simple entrenamiento. Esto implicaría que tendrías que preparar el material necesario para empoderar a quienes se certifiquen en tu sistema. Al momento que escribo este libro existen certificaciones en Coaching que tienen un valor de entre Usd 5,000 y 8,000 en Latinoamérica. Imagina que puedas vender tu certificación en USD 2,000 o USD 3,000. Además de ayudar a personas a generar ingresos usándolo, puedes recibir un monto interesante por compartir este sistema. No obstante, es imprescindible que te asesores con un abogado para ver el tema de confidencialidad o registro del sistema en tu país (para que nadie pueda reclamarlo como propio).

Por supuesto, al igual que en los puntos anteriores, es muy determinante que cuentes ya con cierto prestigio, una buena marca personal. De otra forma el mercado no querrá arriesgarse a invertir en tu certificación.

En este sentido, contar con testimonios de clientes que demuestren que eres capaz de generar resultados con tu sistema, será una garantía que ayudará mucho a impulsar la venta de tus certificaciones.

Al igual que en los entrenamientos, sería bueno que puedas aprender sobre diseño instruccional para que tu entrenamiento asegure el aprendizaje. Además de incluir ejercicios y horas de práctica en tus estudiantes.

Franquicias

La idea que te propongo en caso de que cuentes ya con un sistema exitoso dentro de tu servicio y con una empresa, es que crees una franquicia. Me refiero a que ofrezcas la posibilidad de que otros profesionales puedan representar tu marca y sistema en sus respectivos mercados a nivel mundial utilizando tu sistema comercial y know how.

Tu responsabilidad consiste en documentar todo el funcionamiento de tu negocio, traspasarlo y darles soporte para que puedan tener éxito en sus respectivos mercados.

Crear una franquicia te da la posibilidad de cobrar un monto por entregarla más un porcentaje por las regalías o ventas.

Existe mucha información en Internet que puedes investigar.

Conferencias

Una vez que un profesional gana una buena reputación en su mercado le es sencillo obtener invitaciones para dar conferencias.

Existen empresas que organizan eventos empresariales y que cuentan con un presupuesto para pagar a los conferencistas. Que desarrolles una carrera como conferencista puede ser rentable, además de ayudarte en tu posicionamiento, también puede ayudarte a generar demanda sobre tus servicios.

Si cuentas con un libro publicado te será aún más sencillo obtener invitaciones para dar conferencias.

En caso de que desees convertirte en un conferencista, es importante que:
- Te conectes con un mensaje por compartir y que sea transversal a tus conferencias.
- Clarifiques muy bien cuál es el mercado al que te diriges
- Construyas una plataforma de exposición que te permita estar visible y generar interés en tus temas.
- Sepas cómo obtener oportunidades para dar conferencias.
- Puedas crear discursos persuasivos y de alto impacto
- Sepas cómo negociar e interactuar con tu interlocutor para el evento
- Puedas dar presentaciones de alto impacto
- Sepas cómo actuar con tu audiencia, antes, durante y después de tu presentación.
- Sepas cómo generar nuevas oportunidades para dar una conferencia o presentación.

Te invito a que revises mi libro CONVIÉRTETE EN SPEAKER, en él explico el camino a seguir. Puedes ver el vídeo trailer del libro aquí. **https://youtu.be/Lwiw4rBi4cg**

Grupo de mentes maestras o masterminds

Consiste en la formación de un grupo donde los participantes tienen la oportunidad de compartir sus objetivos, recibir ideas y sugerencias por parte del resto de miembros. Es equivalente a contar con un directorio que está comprometido con tu éxito.

Generalmente es manejado por uno o más facilitadores. Estas personas tienen la responsabilidad de que cada miembro tenga la oportunidad de participar y compartir su caso. En el grupo se pueden compartir casos de éxito, también permite la invitación de expertos o conferencistas, pero no está centrado en ello. Estos grupos no son equivalentes a los coaching grupales ni a entrenamientos. Tampoco son grupos de networking o que buscan intercambiar servicios. Tienen por principal objetivo enriquecer a los miembros con la experiencia de todos los participantes y ayudarlos a lograr objetivos de negocio importantes.

En USA, participar en estos grupos suele ser muy costoso, digamos unos USD 20,000 e incluye unas tres o cuatro reuniones en un período de tiempo determinado. Como comprenderás, la calidad de uno de estos grupos está determinada por la calidad de sus miembros. Por supuesto, en Latinoamérica el valor sería mucho menor.

En la medida que ganas experiencia profesional y cuentas con una red interesante de clientes, puedes explorar esta idea. Suele ser muy rentable e interesante.

La sugerencia que te daría es que primero busques uno de estos grupos y participes para que puedas experimentarlo por ti mismo y de este modo puedas conocer su potencial.

Eventos

Una gran oportunidad que tienes es crear eventos empresariales donde puedas convocar diferentes conferencistas y cobrar por la asistencia. Sin duda, es una de las actividades que más ingresos puede darte en poco tiempo.

El mayor desafío está en la parte comercial para lograr la asistencia y logística para asegurar que todo marche sobre ruedas y que la experiencia para los asistentes sea la mejor.

Una forma de ayudarte con la inversión es buscar auspicios para tu evento, también puedes obtener la participación de algunos profesionales a un costo muy bajo o de forma gratuita, ya que el evento puede representar una buena oportunidad de exposición para ellos, o también puedes darles la posibilidad de realizar alguna venta en él.

Por supuesto, si generas el evento, es importante que tú también participes como conferencista. Este evento podría darte la posibilidad de ofrecer algún producto o servicio más, y, gracias a esto, generar más ingresos. Esta es una modalidad que se usa mucho en USA.

He compartido contigo las ideas que pueden ayudarte a generar ingresos adicionales. Como te habrás dado cuenta, un elemento importante para poder promover e implementar estas ideas está en el valor de tu marca personal. Es crucial que puedas crear una buena reputación y trabajes en tu posicionamiento y prestigio profesional. De otra forma te costará mucho lograr la confianza necesaria para que puedan participar de tu oferta.

A modo de resumen, vuelvo a presentarte cada una de las actividades que te recomiendo en este capítulo:

- Escritura y venta de libros
- Cursos digitales y entrenamientos virtuales
- Entrenamientos presenciales

- Certificaciones
- Franquicias
- Conferencias
- Grupo de mentes maestras o masterminds
- Eventos

A fin de agregarte el mayor valor posible, he entrevistado a diferentes expertos en tópicos complementarios al tema que trabajo en este libro. Algunos de los temas que trataremos en las entrevistas son: imagen profesional, estrategia digital, manejo de LinkedIn, gestión del tiempo, uso de la voz, ventas consultivas, entre otros. Encontrarás estas entrevistas en el siguiente capítulo.

CAPÍTULO 8: ENTREVISTA A EXPERTOS

«Aprende de los errores de otros, no tienes tiempo para hacerlos todos tú mismo».
Eleanor Roosevelt

Mi deseo es agregarte el mayor valor posible, es por ello que en este capítulo estaré compartiendo contigo la entrevista que les hice a destacados profesionales relacionados al mundo de la publicación y venta de libros. Te invito a ingresar a los enlaces, acceder a las entrevistas y beneficiarte de la sabiduría que cada uno comparte.

Invitados:
- Dora Martínez – La asesoría como emprendimiento
- Mariela Montoro – Sugerencias legales para asesores
- Gerardo Ortiz – Contabilidad para asesores
- María Bolívar – Cómo crear una marca personal en LinkedIn
- Alejandro Bernal – Estrategia digital para asesores
- Javier Cordero – Copywritting para asesores
- Rosario Bashi – Imagen e impacto digital para asesores
- Adriana Serna – Impacto en el uso de la voz para asesores
- Ernesto Bazán – Organización y gestión de entrenamientos y eventos empresariales
- Mauricio Torres – Qué es y cómo crear un Info Producto

Dora Martínez – La asesoría como emprendimiento

Dora, colombiana, tiene más de dos años ofreciendo asesorías, mentorías y entrenamientos para emprendimientos a fin de asegurar su éxito.

Cuenta con más de 20 años de experiencia en abastecimiento estratégico a nivel de Latinoamérica en diversas industrias como: Consumo Masivo, Bebidas, Alimentos/Retail, Automotriz y Consultoría.

Certificada como Coach de Negocios, con diferentes estudios de post grado. Invité a Dora a participar en esta entrevista para que pueda darte consejos que ayuden a iniciarte en este emprendimiento con el pie derecho.

Puedes ver la entrevista en este enlace:
https://youtu.be/Pjg9attccLU

Si deseas tomar contacto con Dora puedes encontrarla aquí:
Web Site: www.doraimartinez.com
Email: contacto@doraimartinez.com
LinkedIn: www.linkedin.com/in/doraimartinezd

Mariela Montoro – Sugerencias legales para asesores

Mariela, es una empresaria y abogada peruana egresada de la Pontificia Universidad Católica del Perú. Magíster en Derecho de la Empresa por la misma universidad magíster en Responsabilidad Social Empresarial por la Universidad Castilla La Mancha – España, gerente general de Punto Mype Perú SAC, asesora legal externa de Notarías, embajadora en Perú de ThePowerMBA, ex funcionaria de SUNAT, quien posee más de 9 años de experiencia en Derecho de la Empresa.

He invitado a Mariela para que pueda darte consejos sobre qué consideraciones legales deberás tener al momento de ofrecer tus servicios profesionales.

Puedes ver la entrevista en este enlace:
https://youtu.be/BiQCEo6e2HA

Si deseas tomar contacto con Mariela puedes encontrarla aquí:
Web Site: www.puntomype.com
Redes Sociales: @puntomype
LinkedIn: https://bit.ly/LinkedInMarielaMontoro

Gerardo Ortiz – Contabilidad para asesores

Gerardo, peruano, es CEO en GEOR, empresa dedicada al servicio de contabilidad para empresas. Algo interesante de su empresa es que han desarrollado una app que permite realizar el servicio de contabilidad en tiempo real. Esto se traduce en que los clientes pueden tener a la mano toda la información contable de su empresa 24/7.

He invitado a Gerardo a esta entrevista con la intención de que nos dé algunas sugerencias desde el lado **contable** para poder administrar un negocio de servicios profesionales.

Puedes ver la entrevista en este enlace:
https://youtu.be/U85duRH7O9k

Si deseas tomar contacto con Gerardo puedes encontrarla aquí:
Web Site: https://georapp.pe/
LinkedIn: linkedin.com/in/gerardo-ortiz-regalado

María Bolívar Villarroel – Cómo vender servicios en LinkedIn

María, venezolana, autora del libro **Crea un Perfil Exitoso en LinkedIn:** *Todo lo que deseas y necesitas saber para elevar tu empleabilidad, la demanda de tus productos o servicios y destacar de tu competencia.* Se dedica a ofrecer servicios de asesoría en en el uso de esta red profesional. A la fecha ha ganado la confianza de importantes directivos y empresarios, que han contratado sus servicios.

Reciéntemente publicó su libro **CÓMO CREAR UN PERFIL EXITOSO EN LINKEDIN:** *Todo lo que deseas y necesitas saber para elevar tu empleabilidad, la demanda de tus productos o servicios y destacar de tu competencia.* Puedes encontrar el libro aquí: **https://amzn.to/3lbgdRL**

Algo interesante de María es que un buen porcentaje de sus clientes provienen directamente de la gestión que ella tiene de su perfil en LinkedIn. Me interesó entrevistar a María para que comparta alguna de las estrategias que le han permitido obtener clientes directamente en esta red.

Puedes ver la entrevista en este enlace:
https://youtu.be/gW7QZsED4x4

Si deseas tomar contacto con María puedes encontrarla aquí:
Email: mariabolivarv@gmail.com
LinkedIn: linkedin.com/in/maríabolívarvillarroel

Alejandro Bernal – Estrategia digital para asesores

Alejandro, colombiano, es experto en estrategia digital, CEO en Tribecom, empresa dedicada a la oferta de servicios de marketing y estrategia digital. Alejandro también tiene la distinción de haber obtenido el #1 en ventas en Amazon en diferentes categorías por su libro **LAS 7 CLAVES PARA UNA EXITOSA ESTRATEGIA DIGITAL**. Con más de 15 años de experiencia internacional, Alejandro ha desarrollado una importante intuición en el uso de los recursos digitales para el logro de resultados de venta y posicionamiento.

He invitado a Alejandro a participar en esta entrevista para que te dé algunas sugerencias sobre qué tipo de **estrategia digital puedes usar para promover tus servicios profesionales y ganar un buen posicionamiento.**

Puedes ver la entrevista en este enlace:
https://youtu.be/9CX65VD75x4

Si deseas tomar contacto con Alejandro puedes encontrarla aquí:
Web Site: https://www.tribecom.co
LinkedIn: http://bit.ly/LinkedInAlejandroBernalSalgado

Javier Cordero – Copywriting para asesores

Javier, español, es ingeniero y consultor de marketing y ventas con más de 20 años de experiencia. Desde el 2012 se dedica a la consultoría de marketing digital. Es creador del programa "Consultor Élite" donde ayuda a otros consultores a posicionarse en el mercado, a convertirse en referentes para los medios de comunicaión y atraer clientes y oportunidades de negocios de calidad.

Es autor del libro **COPYWRITTING PARA CONSULTORES**, libro con el que obtuvo la distinción de #1 en ventas en la categoría de Comunicación Empresarial en el mercado de Amazon España.

Invité a Javier a participar precisamente porque adquirí su libro y me pareció una guía muy completa para crear textos comerciales y como asesor necesitarás hacerlo.

Puedes ver la entrevista en este enlace:
https://youtu.be/7M6fFMkWzbc

Puedes acceder al libro Copywriting Para Consultores aquí:
Amazon.Com: https://amzn.to/2BhecRH
Amazon.Es: https://amzn.to/2UVk8Xg

Puedes tomar contacto con Javier aquí:
Web Site: https://www.javiercordero.com

Rosario Bashi – Imagen e impacto digital para asesores

Rosario, peruana, es directora de **Limeña Asesores de Imagen**, cuenta con más de 7 años de experiencia en el entrenamiento y asesoría en temas de imagen profesional y etiqueta de negocios. Colabora en la Directiva de la Asociación Internacional de Consultores de Imagen Capítulo Perú como vicepresidente de educación para mantener a los miembros actualizados sobre especialidades educativas que aporten a la profesión.

Reciéntemente ha publicado su libro: **CÓMO IMPACTAR CON TU PODER PERSONAL:** *La magia de una imagen profesional con excelencia.* Puedes encontrar su libro aquí: **https://amzn.to/2QHgjTf**

Invité a Rosario a participar en esta entrevista para que pueda darte consejos que te permitan mostrar la mejor **imagen profesional** posible para que con ello, puedas ganar con más facilidad la confianza de tus potenciales clientes y del mercado en general

Puedes ver la entrevista en este enlace:
https://youtu.be/qkOQ8Dx5KSY

Si deseas tomar contacto con Rosario puedes encontrarla aquí:
Web Site: https://www.limenaasesoresdeimagen.com
LinkedIn: linkedin.com/in/rosariobashi-capacitaciones-imagen-marcapersonal-liderazgo

Adriana Serna – Uso de la voz para asesores

Adriana, colombiana, es artista de voz en español neutro. Cuenta con más de 30 años de experiencia, tiempo en el que ha colaborado con más de 300 marcas y clientes a nivel mundial. Es ganadora en los premios Voice Arts Awards 2017 y 2018.

Realmente es una experta, ha trabajado como actríz de doblaje, narradora y locutora comercial, haciendo voces originales para múltiples aplicaciones de audio comerciales, radio, promos, audios para asistentes digitales, doblaje latino de cine y televisión, sistemas telefónicos, voces originales, cuñas radiales, e-learning, audio libros, narración institucional, corporativa, instructivos, vídeojuegos, realidad virtual y mucho más.

En la actualidad es la presidente de la Asociación de Locutores y Comunicadores ACL y coach vocal.

Invité a Adriana en esta entrevista para que pueda darte algunos consejos que te ayuden a **utilizar tu voz** como una gran herramienta para ganar la confianza de tus potenciales clientes y mercado.

Puedes ver la entrevista en este enlace:
https://youtu.be/Yq4YbliBu9E

Si deseas tomar contacto con Adriana puedes encontrarla aquí:
Web Site: http://www.adrianaserna.co
LinkedIn: https://www.linkedin.com/in/adriana-serna/

Ernesto Bazán – Organización y gestión de entrenamientos y eventos empresariales

Ernesto Bazán, peruano, es autor #1 en ventas en del libro **GESTIÓN INTEGRAL DE RIESGOS** en Amazon, es un asesor, formador y experto en gestión de riesgos reconocido ampliamente en Latinoamérica y Panamá.

Desde el año 2011 dirige ERNESTO BAZÁN Training Corporation, una empresa de capacitación en gestión de riesgos enfocada en contribuir con la cultura de riesgo en las organizaciones, habiendo llevado sus operaciones a más de 350 entidades financieras en 12 países de Latinoamérica. Ernesto también es fundador y director de EB Ratings, calificadora de riesgo establecida en Panamá desde el año 2019.

Invité a Ernesto a que comparta contigo algunas sugerencias para que puedas crear eventos empresariales y de formación.

Puedes ver la entrevista en este enlace:
https://youtu.be/QhmzetXfQOA

Si deseas tomar contacto con Ernesto puedes encontrarlo aquí:
Web Site: http://www.ernestobazan.com
LinkedIn: linkedin.com/in/ernestobazan

Mauricio Torres – Qué son y cómo crear Info Productos

Maurico, peruano, es consultor en estrategia digital, especialista en adquisición de clientes, embudos de conversión y publicidad digital. Uno de sus logros personales ha sido crecer una empresa de servicios desde los $5000 a $170,000 dólares en ingresos anuales. También es cofundador de La Pluma, una empresa dedicada a la formación en habilidades digitales para autores y escritores. Además, es creador del curso **Info Producto Ninja** donde enseña a los empresarios y emprendedores a monetizar su conocimiento y experiencia profesional mediante la creación de productos digitales.

Invité a Mauricio a que comparta contigo algunas sugerencias que te ayuden a tomar la decisión de crear un infoproducto que te permita monetizar aún más tu experiencia profesional.

Puedes ver la entrevista en este enlace:
https://youtu.be/GwuxcHWznVk

Si deseas tomar contacto con Mauricio puedes encontrarlo aquí:
Web Site: https://torresmauricio.com
LinkedIn: linkedin.com/in/soymauriciotorres

En caso tengas interés en acceder a su **Info Producto Nija donde te enseña paso a paso cómo crear info produtos,** puedes hacerlo a través de este enlace: **https://go.hotmart.com/K40166776C**

DESPEDIDA Y LO QUE SE VIENE...

«Mañana es con frecuencia el día más ocupado de la semana».
Provervio español

Si has llegado hasta aquí entonces cuentas ya con los recursos necesarios para crear un negocio alrededor de tu experiencia ofreciendo asesorías o consultorías, pero lo único que puede realmente asegurar que te conviertas en asesor es la acción.

Como bien dice la frase: "mañana es con frecuencia el día más ocupado de la semana". **Es momento de tomar acción, de implementar todo lo que has aprendido en este libro y ofrecer tu servicio**. No esperes a que esté perfecto para lanzarlo, es mejor que lo hagas simplemente, y que en el camino lo vayas ajustando y mejorando. Si esperas que todas las condiciones sean perfectas para ofrecer tu servicio, posiblemente sea ya será demasiado tarde.

He compartido toda la información que hubiera querido conocer antes de lanzar mis servicios. Ahora te toca a ti. Confío en que este libro te haya aportado valor, si ha sido así **te agradecería mucho que pudieras dejarme un testimonio en Amazon**, de modo que otras personas también puedan acceder a él y beneficiarse de su contenido. También valoraré mucho que puedas compartir directamente conmigo qué te pareció. Puedes hacerlo al correo electrónico info@marcelverand.com.

Si te gusta este estilo de escritura y te interesan estos temas, te invito también a que revises el resto de libros que tengo publicados; siempre mantengo las versiones digitales a un precio bastante accesible. Todos los libros que suelo escribir están relacionados y son complementarios entre sí. Puedes encontrarlos directamente en Amazon a través de mi página de autor: **http://www.Amazon.com/author/marcelverand**

Como siempre, te invito a que te unas a mi red profesional en LinkedIn. Puedes encontrarme en este enlace: **https://www.linkedin.com/in/marcelverand**

¡Me despido deseándote lo mejor!

Marcel

ACERCA DE MARCEL VERAND

MARCEL VERAND *keynote speaker* internacional, asesor, ha sido 4 veces número 1 best seller internacional en Amazon. Su principal actividad consiste en la asesoría para la escritura, publicación y monetización de libros en Amazon.

La principal pasión de Marcel se encuentra en el desarrollo de las personas y la docencia; combina ambas a través de sus servicios de asesoría, conferencias, talleres y cursos digitales en el ámbito empresarial y académico.

Por medio de su trabajo, Marcel enseña a sus clientes cómo hacer crecer su negocio convirtiéndose en líderes de opinión en su mercado objetivo, con lo que logran la visibilidad, posicionamiento e influencia que les permite atraer mejores oportunidades comerciales, económicas o laborales.

Ha sido *country manager* para Epise en Perú y Director de Enfoque, ambas consultoras de RR.HH. Actualmente es asesor estratégico y catedrático en diferentes escuelas de posgrado y universidades en temas de marca personal, empleabilidad y desarrollo de habilidades directivas.

Cuenta con dos maestrías en Argentina, un MBA y un magíster en dirección de recursos humanos. Cuenta también con una certificación internacional como *coach* por Joseph O´Connor y una certificación como *master consultant* Talentum por Cristina Oneto, además de diferentes estudios de postgrado.

Al momento de escribir este libro cuenta ya con 7 libros publicados en Amazon.

Redes Sociales: @MarcelVerand

Blog: http://www.MarcelVerand.com

**Página de Autor de Amazon:
http://www.Amazon.com/author/marcelverand**

OTROS LIBROS DE MARCEL VERAND

Disponibles en versión física y digital en Amazon:
http://www.Amazon.com/author/marcelverand
Si deseas consultar por la versión física envía un correo a
libros@marcelverand.com

Puedes acceder a la versión digital de cada uno en los siguientes enlaces en Amazon:

Potencia tu empleabilidad:
https://amzn.to/2S7bP9F

Conviértete en una Marca de Lujo y Monetiza tu Potencial
https://amzn.to/3cP800w

Conviértete en Autor y Monetiza tu Potencial
https://amzn.to/2VTS9XO

Conviértete en Speaker y Monetiza tu Potencial
https://amzn.to/3eRAJDU

Networking para Mujeres:
https://amzn.to/2VCQOpc

Networking entre Mujeres
https://amzn.to/2VHV33b

Instagram para Autores
https://amzn.to/3cUDgeR

ASESORÍA & MENTORÍA PERSONAL

Mi asesoría está orientada en ayudarte a convertirte en líder de opinión en tu sector.

Entre los objetivos que puedo trabajar contigo están:

- ✓ **Convertirte en un *speaker*.** Te ayudo a desarrollar las competencias necesarias, así como a generar oportunidades para practicar y ofrecer charlas y/o conferencias. Este servicio incluye mi asesoría en la redacción de charlas y presentaciones de alto impacto. **http://bit.ly/ConvierteteEnConferencista**

- ✓ **Convertirte en autor.** Te ayudo a plasmar tu *Know How* y *expertise* en un libro que sirva para tu posicionamiento y para generar clientes. Con mi asesoría puedes tener tu libro publicado en 60 días o menos. **https://bit.ly/AsesoriaLibroMarcelVerand**

- ✓ **Crear y gestionar tu marca personal** para la obtención del posicionamiento, credibilidad, visibilidad o empleabilidad que busques. Incluye el logro de un SSI en LinkedIn que te permita estar mínimo en el 10 % de máxima visibilidad en tu sector y red de contactos. **http://bit.ly/ConvierteteEnMarcaPersonalDeLujo**

- ✓ **Crea una oferta de servicio profesional** te ayudo a trasladar tu experiencia a un servicio y a convertirlo en una fuente de ingresos rentable. Puedes consultarme sobre este servicio directamente a través del correo que aparece en la siguiente página.

En caso de que tengas interés en alguna de estas asesorías envíame un email a:

asesoría@marcelverand.com o toma contacto directo conmigo a través de mi website: **http://www.MarcelVerand.com.** Con gusto atenderé todas las consultas que puedas tener.

CONTRATA A MARCEL VERAND PARA TU EVENTO

... ¡y asegurarás un evento memorable, lleno de consejos prácticos y de fácil aplicación!

Por más de una década, Marcel Verand ha estado educando, entreteniendo y ayudando a diferentes profesionales en su desarrollo laboral o académico.

Su estilo único inspira y empodera a las audiencias, mientras les brinda las herramientas y estrategias que necesitan para crear una plataforma de exposición profesional que tenga impacto directo en sus objetivos personales, académicos o de negocio.

Temas sobre los que Marcel ya tiene conferencias:

- ➢ Conviértete en una marca de lujo y monetiza tu potencial
- ➢ Conviértete en speaker y monetiza tu potencial
- ➢ Conviértete en autor y monetiza tu potencial
- ➢ Conviértete en asesor y monetiza tu potencial
- ➢ Potencia tu empleabilidad
- ➢ Conviértete en líder de opinión

Para más información visita **https://marcelverand.com/contacto-speaker/**o envía un correo a **info@marcelverand.com**

www.ingramcontent.com/pod-product-compliance
Lightning Source LLC
Chambersburg PA
CBHW071512220526

45472CB00003B/997